Johannes Lenz

Das Ereignis des Todes

Johannes Lenz

Das Ereignis des Todes

Zum Umkreis der Bestattung

Urachhaus

CIP-Kurztitelaufnahme der Deutschen Bibliothek

Lenz, Johannes:

Das Ereignis des Todes : zum Umkreis d. Bestattung / Johannes Lenz. – Stuttgart : Urachhaus, 1986. – Stuttgart : Urachhaus, 1986.
ISBN 3-87838-493-9

ISBN 3 87838 493 9

Umschlag Hans Joachim, Stuttgart.
Satz und Druck der Offizin Chr. Scheufele, Stuttgart.

Inhalt

Vorwort

In unserer Gegenwart sind die Grenzfragen des Lebens entscheidende Themen. Die Manipulationen des Lebensanfanges – Empfängnis und Geburt – und die Eingriffe in das Lebensende sind nicht zuletzt dank des technischen Fortschrittes möglich und machbar geworden. Da sich aber das wissenschaftliche Denken von der Ethik und der Moral gelöst hat, steht der Zeitgenosse vor dem ganzen Ernst der Fragen nach dem Sinn des Lebens, seinem menschengemäßen Anfang und seinem menschenwürdigen Abschluß.

Wahllos seien aus der Presse einige Themen angegeben, die anzeigen, wo wir heute stehen: »Kosmischer Sarg soll die Erde umkreisen« – »Pfarrer soll nicht der Todesengel sein« – »Gegen Lügen angesichts des Todes« – »Das Leben oder das Sterben verlängern? Medizinisch-ethische Anmerkungen zu einem aktuellen Thema« – »Die letzte Stunde soll nicht einsam sein« – »Das Geschäft mit dem Tod« – »Sprachlosigkeit im Angesicht des Todes«. Diese Beispiele ließen sich beliebig vermehren.

Die Christengemeinschaft, die 1922 zur Erneuerung des christlich-religiösen Lebens gegründet wurde, hat seit Jahrzehnten Erfahrungen gesammelt in der Betreuung von Kranken, im Begleiten von Sterbenden und Verstorbenen. Sie pflegt das Sakrament der Heiligen Ölung zum Geleit über die Schwelle des Todes. Sie vollzieht in zwei Teilen das Ritual der Bestattung und leitet die Gemeinsamkeit von Lebenden und Verstorbenen mit dem sakramentalen Beten durch die Weihehandlung für die Seele des Verstorbenen ein.

Im folgenden sei der Versuch unternommen, eine Summe dieser Erfahrungen zu ziehen und im Blick auf das Wesen des Menschen und die erneuerten Sakramente diese Lebenshilfe zu schildern.

Das Alter

Die Begegnung mit dem Alter, das Erleben der Krankheit und das Erfahren des Todes – Alter, Krankheit und Tod – werden in der frühesten dichterischen Darstellung des Lebens von Gautama Buddha, das Buddha-Carita, oder die Schrift von Buddhas Wandel[1], als die Schlüsselereignisse geschildert, die den jungen Prinzen veranlaßten, der Welt zu entsagen und ein Buddha zu werden.

»Aus dem Meer des Leidens, dessen Wogen
Alter, Krankheit sind und Tod, errettet
dieser hier die angstgequälte Menschheit
auf dem mächtgen Fahrzeug der Erkenntnis!« (S. 14)

Auf einer Ausfahrt sieht der jugendliche Prinz einen Greis mit weißen Haaren, buschigen Augenbrauen und schlaffen Gliedern, der sich beim Gehen auf einen Stab stützt. Aus dem Schrecken dieses ersten Erlebnisses des Alters fragt er und erhält die Antwort:

»Was den Mann gebrochen, ist das Alter,
der Zerstörer aller Kraft und Schönheit,
der Erinnerung Grab, der Sinne Räuber,
Quell des Kummers, Untergang der Freude...« (S. 24)

Alter, Krankheit und Tod werden als negative Erlebnisse im Gegensatz zu Jugend, Gesundheit und Leben ge-

1 Buddhas Wandel, Jena 1922

sehen. Das Dasein ist leidvoll. Die Ursache dafür ist der Durst des Menschen nach Dasein und Leben. Also kann nur die Befreiung vom Durst nach Dasein, die Verneinung des natürlichen Lebens auf der Erde und die Zuwendung zu der Welt des Geistes helfen.

Diese vorchristliche, buddhistische Haltung tragen auch wir in einer Schicht in uns. Wenn wir altern und erkranken, fühlen wir zunächst das Leidvolle, Beschwerliche und Schmerzliche und suchen oft dessen Verdrängung und Beseitigung.

Viele Bestrebungen zielen darauf, jünger zu sein oder zu erscheinen, als es dem tatsächlichen Alter entspricht. Tritt Krankheit und Schmerz ein, dann ist die Beseitigung dieser Störung und das Zudecken des Schmerzes oft das Ziel der Behandung.

Das Christentum hat schon durch die Menschwerdung des Gottessohnes ein Ja zur leiblichen Seite des Menschenlebens und zur Erde gesagt. Das Leiden in der Passion, die Bejahung des Sterbens, der Tod am Kreuz und der Sieg über den Tod sind Grundelemente des Christentums.

Auch das Alter erfährt nach seiner vorchristlichen Verneinung eine christliche Bejahung. Gleich nach der Geburt Jesu treten zwei Greise auf, Simeon und Hanna, der alte Mann und die alte Frau (Lukas 2).

Simeon wird zunächst als frommer und gottesfürchtiger Jude dargestellt, der in Jerusalem lebt und auf den Trost Israels, den Messias, wartet. Das Warten und Hoffen, die Sehnsucht auf Erfüllung, das Leben darauf hin, daß der volle Sinn des Erdenlebens – Christus – sich enthülle, begleiten seine Jahre. Dann heißt es:

»Und ihm war eine Antwort geworden
von dem Heiligen Geist, er solle den Tod nicht sehen,
er habe denn zuvor den Christ des Herrn gesehen.«
(Luk. 2, 26ff.)

Simeon hatte in seinem religiösen Leben Fragen an die Gottheit gerichtet. Er suchte das Zwiegespräch, und sein Beten und Sprechen hatten Er-Hörung gefunden. Ihm wird als innere Antwort zuteil, daß er den Tod nicht erleiden würde, bevor er Christus begegnet sei, und sein Warten und Hoffen sich damit erfüllen würde.

Als das Kind Jesu von Maria und Joseph zur Darstellung in den Tempel gebracht wird, schaut er es, nimmt es auf seine Arme, lobt Gott und spricht:

»Herr nun lässest du deinen Diener in Frieden fahren,
wie du gesagt hast,
denn meine Augen haben deinen Heiland gesehen ...«
(Luk. 2, 29.30)

Welche Seiten des Alters werden hier charakterisiert?

Simeon hält sich auf beim Zugang zum Tempel. Er bleibt in der Nähe des Gotteshauses und wendet sich dem Kind, dem neuen Leben und der Zukunft zu. Als ein Diener des Geistes erlebt er Erfüllung und Frieden, als seine Seele dem Geist Gottes in Gestalt des Kindes begegnet. Seine Augen sind zum Schauen erwacht. Im Menschenkind schaut er den Heiland. Er sieht den Gott im Menschen. Dann vermag er die Eltern zu segnen. Sein Name Simeon – Geschenk der Erhörung – erfüllt sich damit.

Hier wird der alte Mensch nicht in seiner Gebrechlichkeit angeschaut. Die mögliche Innenseite des Alters: das Leben in Frömmigkeit, die Ergebenheit des Willens in die geistige Führung, die ihm die Sinnerfüllung des Lebens schenkt, das zielvolle Hoffen und Warten auf Christus und das Lenken der Schritte auf die Stätte der Anbetung, den Tempel hin, damit eine Begegnung und Erfahrung mit Gott möglich wird, alles weist auf ein sinnvolles, erfülltes und lichtvolles Alter hin. Dem Abnehmen im Äußeren entspricht ein Zunehmen im Inneren. Die Begrenzung und Verarmung der Möglichkeiten nach außen werden durch eine innere Erweiterung und Bereicherung der Seele ausgeglichen. Die Hinwendung zu Gott, das Leben in der Sphäre des Heiligen Geistes (Luk. 2,25) sind Ausdruck der wachsenden Reife, die der greise Simeon erreicht.

Im zwanzigsten Jahrhundert steigt die Lebenserwartung ständig an. Die Menschen erreichen ein höheres Alter als früher. Viele Ursachen eines frühen Lebensendes sind durch die Zivilisation und den Fortschritt der Medizin beseitigt. Was aber tun mit der Fülle der Jahre? Ist die bloße Zunahme der Lebenszeit für das natürliche Leben ein Gewinn, wenn die Lebenskraft welkt, die Augen und das Gehör schwächer, das Gehen schwerer, die Knochen gebrechlicher, die Gestalt gebeugt werden? Die Chance, ein höheres Alter zu erreichen, ist doch die Anfrage des Schicksals, ob ein Mehr an echter Reife, eine Zunahme der Früchte der Erfahrung, ein Wachsen der Gebetssubstanz ergriffen werden, so daß Segen vom alten Menschen in die Mitwelt ausgehen kann. Welch ein Segen für ein Kind, einen Greis oder etwa eine Gestalt wie Hanna

(Luk. 2, 36–38) zu erleben: Menschen, die Zeit haben zu hören – Alte, die Märchen erzählen können und ihre Arme dem Kinde so zuwenden, daß es sich umarmt und getragen fühlen darf und vor allem immer die Nähe des Gotteshauses spürt. Sinnvolles Altern, menschliches Reifen, geistiges Wachsen schaffen eine mögliche Kraft, die für das Zusammenleben der Generationen unverzichtbar ist.

Selbst wenn das Schicksal in ein Altenheim oder gar in ein Pflegeheim führt, ist der Blick nicht so sehr auf das nahende Lebensende mit allen Problemen des natürlichen Alterns gerichtet, sondern auf das unvergängliche Wesen des Menschen, sind die Möglichkeiten durch Vorlesen und Erzählen, durch Malen und Plastizieren, Musizieren, durch gemeinsames Beten und Feiern der Feste des Jahres zahlreich. Schönes, Fruchtbares und Erhellendes kann dem Alter abgerungen und als Lebensfrucht eingebracht werden.

Die Krankheit

Das aktive Interesse am Mitmenschen gehört zu den Aufgaben eines jeden sozialen Miteinander-Lebens; für das Gedeihen einer Gemeinschaft von Christen ist es aber grundlegend wichtig. Das Ergehen des Nächsten sollte nicht nur mit der konventionellen Frage »Wie geht es?« abgefragt werden, ohne daß eine echte Antwort erwartet wird, sondern wirklich Anliegen jedes einzelnen in der Zuwendung zum anderen sein. Ist er gesund und arbeitsfähig, dann wird man ihm begegnen und ihn auch beim Gottesdienst und wichtigen Ereignissen des Gemeindelebens wahrnehmen können. Ist er krank, sollte man auf jeden Fall Kenntnis davon nehmen.

Der Kranke oder seine Angehörigen sollten die Erkrankung dem Priester der Gemeinde mitteilen, so, wie man auch den Arzt konsultieren wird, um seine Hilfe für die Krankheit zu erhalten. Der Priester wird sich überzeugen wollen, wie schwer die Erkrankung ist. Entweder macht er einen Besuch zu Hause oder bei stationärer Behandlung im Krankenhaus. Vielleicht wird er auch einen Helfer aus der Gemeinde bitten, sich durch einen Besuch persönlich zu überzeugen, wie es dem Kranken geht. Das Schicksal der Kranken in einer Gemeinde gehört zum Gesamtbewußtsein derselben dazu und ist Anlaß, die Frage der Seelsorge, der Hilfe und Betreuung, der Fürsorge und Tröstung zu stellen. Dabei ist der Priester im Krankenhaus nicht an Besuchszeiten gebunden. Er wird frei wählen können, in welcher Stunde ein vertrauliches Gespräch möglich ist.

In jedem Falle kann das Gespräch helfen, daß das Erleiden der Krankheit zeitweise zurücktritt und die Fragen nach dem Sinn der Erkrankung, nach der seelischen Gesundheit und der lebendigen Stärkung durch das religiöse Leben bewegt werden können. Bei genauerer Lebensbeobachtung werden wir uns sagen dürfen, daß manche Krankheiten uns nur deshalb ergreifen können, weil wir etwa nicht ausgeschlafen und ausgeruht, weil wir erschöpft und nicht erholt, kurz, weil wir überanstrengt und »gestreßt« waren. Die Seele bot gleichsam der Krankheit zuviel Angriffsfläche. Man antworte nicht mit dem Hinweis auf Viren und Infektionen. Krankenschwestern, Pfleger und Ärzte müßten die kränkesten Menschen der Welt sein, weil ihr Beruf sie immer im Infektionsbereich tätig sein läßt. Sie bleiben aber im allgemeinen gesund durch ihre Tätigkeit, ihre Hilfe, ihre Zuwendung und geringe Selbstbezogenheit. Der Vers des Dichters Christian Morgenstern »Ein Schnupfen hockt auf der Terrasse, auf daß er sich ein Opfer fasse« charakterisiert humorvoll, wie wir das Opfer mancher Erkrankung werden können, weil wir uns schon vorher durch ein »Zuviel« oder »Zuschwer« überanstrengt haben und damit zu Opfern der lauernden Krankheit werden.

Seelische Gesundheit und Pflege einer vollmenschlichen, nicht nur körperlichen Hygiene (griechisch hygios heißt seelisch gesund sein) werden das Anliegen des Krankenbesuches und der Krankenbetreuung sein.

Darin liegt ein entscheidender Sinn und auch die Bedeutung einer Krankenkommunion. Während der Rekonvaleszenz (lat. re-convalescere heißt wiedererstarken) oder Genesung sollte die Aufmerksamkeit darauf gelenkt werden, daß das Leben nicht in derselben Weise fortgesetzt werden kann. Eine wirkliche Erstarkung erfolgt im Beantworten der Sinnfrage der Krankheit, die auf eine höhere Stufe verantwortlicher Lebensführung hinführen sollte. Die Hilfe und die Kraft dazu vermag die Kommunion zu spenden.

Zu Hause oder im Krankenhaus wird dazu etwa auf dem Nacht- oder Beistelltisch eine weiße Decke ausgebreitet und das Bild Christi so auf diesem kleinen Tisch aufgestellt, daß der liegende Kranke Jesus Christus als Gegenüber im Bilde haben kann. Ein oder zwei Leuchter werden hinzugefügt. Der Patient kann, wenn er zu Hause ist, entscheiden, ob er allein oder mit seinen Angehörigen teilnehmen will. Im Krankenhaus ist zuvor das Einverständnis der übrigen Patienten mit der Bitte um Ruhe einzuholen, die Schwester ist in jedem Falle zu orientieren. Sind die Voraussetzungen zu einer pastoral-medizinischen Zusammenarbeit zwischen Arzt und Priester gegeben, dann können sogar Kommunion und Medikation aufeinander abgestimmt werden. In einer kurzen kultischen Feier, die in der inneren Anknüpfung an das Sakrament erfolgt, das morgens in der Gemeinde gefeiert wurde, spendet der Priester das Abendmahl in Gestalt von Brot und Wein.

Wie ein Wasser, das in ein ausgetrocknetes Flußbett zurückkehrt, neues Leben erweckt und wieder strömen läßt, so kann durch das heilige Mahl die Stärkung der Lebenskräfte und damit die Genesung bewirkt werden. Genesung heißt hier allerdings im tiefsten Sinne: auch der Tod kann Ausdruck einer höheren Form der Genesung sein.

Tritt äußere Genesung ein, dann wird es zur seelischen Kultur der nächsten Zukunft gehören, dafür eine neue Dankbarkeit zu entwickeln: Dankbarkeit den Pflegenden und den Ärzten gegenüber, Dankbarkeit aber vor allem dem Herrn des Schicksals gegenüber, der eine neue weitere Chance des Lebens geschenkt und gewährt hat. Wenn die Menschenweihehandlung auch Eucharistie-Danksagung genannt wird, dann kann zu der neuen Stufe und der zunehmenden Lebensreife das Mitvollziehen dieser Danksagungsfeier gehören. Die neu errungene Kraft wird dann nicht nur für das eigene Selbst im Dienste des natürlichen Lebens verzehrt, sondern in den Dienst der Gottheit und des Fortganges der Erde gestellt.

Während der Arzt die Aufgabe hat, mit den ihm anvertrauten Mitteln für das Leben zu sorgen und es zu erhalten, wacht der Priester als Hüter der Opferflamme darüber, daß die Bereitung für das Sterben zur rechten Zeit möglich ist. Er verwaltet als eines der sieben Sakramente das Sakrament der Heiligen Ölung.

Die Vorbereitung auf das Sterben

Der Tod sollte niemanden unvorbereitet treffen. Es ist wichtig, frühzeitig daran zu denken, sich auf das Sterben vorzubereiten und auch die Entschlüsse zu fassen, die nur vor dem Tod gefaßt werden können.

Ein intensives Leben und ein Ja dazu brauchen nicht durch das Einbeziehen des Todes in das Leben geschmälert zu werden. Derjenige, der sich um ein christlich-religiöses Leben bemüht, braucht sich nur bewußt zu machen, daß der Altar die Stätte eines Grabes ist, über dem sich der Tisch erhebt, und daß über dem Altar das Zeichen des Kreuzes oder der Gekreuzigte selbst als Sinnbild des Todes erscheint. Wer einen Weiheraum betritt und eine Menschenweihehandlung mitvollzieht, wird mit dem Tod konfrontiert und versucht, das Leben über oder jenseits des Todes einzuüben. Wirkliches religiöses Leben ist unter diesem Gesichtspunkt Üben des nachtodlichen Lebens. Das Sakrament wird vollzogen im Aufblick zu dem Geheimnis des Todes und dem Mysterium der Auferstehung.

An der Wende vom ersten zum zweiten christlichen Jahrhundert hat der Bischof der Gemeinde in Antiochien, Ignatius, sieben Briefe an Gemeinden geschrieben. Er war in der Christenverfolgung unter Kaiser Trajan (98–117 n. Chr.) verhaftet und, zum Teil auf dem gleichen Weg wie Paulus, gefesselt nach Rom gebracht worden. Dort starb er als Märtyrer im Zirkus; man hatte ihn den Löwen vorgeworfen. Den Tod als sicheres Ziel seiner Gefangenschaftsreise vor Augen, schrieb er an die Gemeinde in Ephesus, die Gemeinde möge zusammenkommen, um

> »ein Brot zu brechen, das Unsterblichkeitsarznei ist, Gegengift, daß man nicht stirbt, sondern lebt in Christus immerdar.«[2]

Das Weiterleben über den Tod hinaus dank des »pharmakon athanasias« – durch die Arznei, die Unsterblichkeit bewirkt und ein Gegengift gegen die Sterblichkeit des Menschen ist – wird durch das sakramentale Brechen und Speisen des Brotes bewirkt. Die Unsterblichkeit ist nicht von selbst da. Sie bedarf der Einübung und des entsprechenden Verhaltens des Menschen, der sich den Gnadengaben Jesu Christi verbindet und sein Leben in das eigene Leben einbezieht.

Wie der Kultus bedeutet auch das Gebet Leben mit dem Tod. Schon im Judentum tragen viele Beter am Versöhnungstag, dem Jom Kippur, bei dem den ganzen Tag über währenden Gottesdienst ihre weißen Sterbegewänder. Beim Gebet des Christen ist das Schließen der Augen, das Falten der Hände, das völlige Zurruhekommen der Leiblichkeit wie ein bewußtes Eintreten in den Vorhof des Todes. Für ausgewählte Augenblicke schließt der Betende die Tür zur Welt hin zu und tritt in die Kammer des Herzens ein (Matth. 6,5 ff.), in der sich das höhere Leben in Christus entfalten kann.

2 Joseph A. Fischer: Die Apostolischen Väter, Darmstadt 1956, S. 15ff.

Darüber hinaus gibt es mannigfache Möglichkeiten, das Sterben einzuüben. Der übliche und natürliche Weg des Alterns oder gar des hohen Alters legt ja Begrenzungen und Beschränkungen auf, bei denen es sehr darauf ankommt, ob sie nur als unabänderliche Übel erlitten oder in Freiheit bejaht werden. Aus einem Haus oder aus einer Wohnung in ein Altenheim-Zimmer oder gar einen Pflegeraum umziehen und mit jedem Aus- und Umzug erneut eine Einschränkung hinzunehmen, ist oft eine schwere Prüfung und wird zur Einübung in das Sterben. Wie ein Mönch aus freiem Willen der Welt entsagt und in einer kleinen Zelle lebt, so tendiert das Leben, je älter wir werden, mehr und mehr dahin, daß wir immer begrenzter im Haus unseres Leibes wohnen und immer mehr von den weiteren Umhüllungen ab- und aufgeben. Schließlich ist der Tod auch der Auszug aus dem Hause des Leibes.

Eine bewußte Übung mag auch sein, Dinge wegzuschenken, die man besitzt und gern hat. Der Akt des bewußten Lösens von liebgewonnenem Besitz und das Üben der Erkenntnis, daß Geben seliger als Nehmen ist, mögen dazugehören. Wir trennen uns dann rechtzeitig von Geschätztem und Gewohntem, das wir spätestens mit dem Tode aufgeben müssen. Der Volksmund sagt: »Der Tod hat keine Taschen.« Nichts von den Gütern und Schätzen dieser Erde, an denen unser Herz hängt, vermögen wir über seine Schwelle mitzunehmen.

Steht die erste Lebenshälfte mehr unter dem Zeichen des Aufbaus der Existenz, darf eine zweite Hälfte mehr unter das Vorzeichen des allmählichen Abbaus gestellt werden. Wer lernt, dies freiwillig und mit heiterer Seele zu vollbringen, lebt sein reifes Alter unter Einbeziehung des Todes mitten in das Leben.

Zu dem geistigen Einüben des Sterbens durch das Gebet des einzelnen und das Beten in der Sakramentsgemeinschaft sowie das Üben im Bereich des irdischen Besitzes und Wohnens tritt die mitmenschliche Ebene. Das Ja zum Sterben schließt das Ideal ein, mit allen Menschen im reinen zu sein, wenn die Todesstunde naht. Die unendlich vielen Begegnungen im Leben mit anderen Menschen haben zu Gutem und Schönem, aber auch zu Schwerem und Leidvollem geführt. Manches ist man anderen schuldig geblieben und hat ihnen gegenüber wirkliche Schuld auf sich geladen. Wie spiegeln sich das eigene Leben und die eigenen Taten in den Seelen und dem Leben anderer Menschen? Immer wieder ist es erstaunlich zu erfahren, wie blind viele gegenüber dem sind, was sie angerichtet haben. Die Selbstbezogenheit verhindert, wahrzunehmen, was bei anderen durch dieses oder jenes Verhalten oder durch diese oder jene Tat bewirkt worden ist. In der Bergpredigt (Matth. 5–7) sagt Christus:

> »Richtet nicht, auf daß ihr nicht gerichtet werdet, denn mit welcherlei Gericht ihr richtet, werdet ihr selbst gerichtet werden und mit welcherlei Maß ihr messet, werdet ihr selbst dereinst gemessen werden.« (7, 1 ff.)

Unsere kritische Urteilskraft wendet sich leicht anderen zu und be- und verurteilt sie in kleinen und großen Dingen des Lebens. Ob die Urteilskraft der Selbsterkenntnis mit ebenso strengem Maßstab mißt? Ist der Balken im eigenen Auge nicht viel größer als der Splitter im

Auge des Bruders? Wieder sagt ein Sprichwort: »Am Fuße des Leuchtturmes ist es dunkel.« Der Richtstrahl unserer vielleicht brillanten Urteilskraft trifft leicht den anderen. Ist es so schwer, einzusehen, daß der andere uns selbst auch so sehen kann und all das rasch feststellt und verurteilt, was dunkel an uns ist?

Noch wenig geübt ist die Kunst des Vergebens und Verzeihens. Zuvieles wird zur Seite geschoben und verdrängt. Die offene Aussprache, das klärende Wort, der Wille zur Bereinigung im Umgang mit den Mitmenschen wird erst einer Kultur der Zukunft angehören. Im Sterben drängt nach oben, was verdrängt war. Hat man frühzeitig an den Tod gedacht und sich mit seinen Schicksalsgefährten so eingerichtet, daß er nicht zur Unzeit kommt, wird es gut sein. Wenn wir selbst darauf angewiesen sind, daß uns Gott unsere Schulden vergibt, wie sollten wir nicht unseren Schuldigern vergeben lernen, auch wenn dies eine schwere Aufgabe ist?

Für Menschen in verantwortlicher Stellung kann es zur Kunst der Vorbereitung gehören, rechtzetig an die Nachfolge zu denken. Das schrittweise Loslassen von Verantwortung, das zunehmende Delegieren und der allmähliche Rückzug auf die Position dessen, der seine Lebenserfahrung und sein helfendes Urteil aus Weisheit heraus zur Verfügung stellt, aber nicht mehr selbst unmittelbar in allen Verantwortungsbereichen aktiv tätig ist, gehören dazu. Wer die Führungsgeschiche von großen Industriebetrieben von innen her kennt oder in geistigen Gemeinschaften das Problem der zu späten Übergabe der Verantwortung an die nächste Generation erlebt hat, weiß, wie stark notwendige Entwicklungen gebremst oder gar verhindert werden können, wenn nicht das Loslassen und die Übergabe der Funktionen zur rechten Zeit erfolgen.

In vielfältiger Weise kann so die Vorbereitung auf das Sterben geübt werden. Wir werden dadurch erfahren, daß das Einüben in das Sterben die rechte Kraft zum Leben schenkt und uns erst seine volle Tiefe erschließt.

Zum Sakrament der Heiligen Ölung

Im siebenfältigen Sakramentalismus wird das Leben des Menschen von der Geburt bis zum Tod bei wichtigen Lebensetappen durch entsprechende Sakramente begleitet.

Die Taufe setzt den Anfang der Christwerdung. Die Ölung vollendet das Christsein für dieses Erdenleben. Dabei liegt den Sakramenten das christliche Bild vom Menschen zugrunde, der einer vorgeburtlichen Welt entstammt, sein Leben zwischen Geburt und Tod lebt und durch den Tod in das nachtodliche Leben eintritt.

Wenn zur Sinnerhellung der Taufe das Wissen von der Vorgeburtlichkeit des Menschen gehört, wie es auch die Evangelien von der Menschwerdung Jesu und der Ankündigung seiner Geburt aussprechen, so gehört die Kenntnis vom Leben nach dem Tode zur Sinnerhellung des Sakramentes der Ölung. Es faßt gleichsam im Rückblick die Essenz eines ganzen Lebens zusammen und erschließt im Vorblick jenen Bereich des Geistes, in den die Seele durch das Tor des Todes eintritt.

Im Neuen Testament begegnet uns dieses Sakrament zweifach an bedeutsamer Stelle. Johannes berichtet im vierten Evangelium vom Gang Jesu Christi nach Bethanien in das Haus des Lazarus, dessen Schwestern Martha und Maria bei dem Mahl anwesend sind. »Da nahm Maria ein Pfund Salbe von unverfälschter köstlicher Narde und salbte die Füße Jesu und trocknete mit ihrem Haar seine

Füße; das Haus aber ward voll vom Geruch der Salbe ...« (Joh. 12, 1 ff.). Einer der Jünger, Judas Ischariot, wendet sich gegen diese Vergeudung kostbarer Substanz. Er hat kein Organ für das Kultische dieser Tat. »Da sprach Jesus: Laß sie mit Frieden! Mag es gelten für den Tag meines Begräbnisses.« (Joh. 12,7)

Sechs Tage vor Ostern weist Jesus Christus ausdrücklich darauf hin, daß diese Salbung eine Bereitung zum Tode beinhalte und Maria sinnvoll und gut gehandelt habe. Selbst das Erdenleben Jesu Christi ist dadurch zwischen Taufe und Ölung eingebunden. Zu seinem Menschsein gehört die Entgegennahme dessen hinzu, was priesterliche Menschen wie Johannes bei der Taufe und Maria bei der Salbung in Bethanien an ihm tun.

Im Brief des Jakobus klingt dann schon zur Zeit der ersten Apostel und der ersten christlichen Gemeinden der Rat an:

> »Leidet jemand unter euch, der bete ... Ist jemand unter euch krank, der rufe zu sich die Ältesten der Gemeinde, daß sie über ihm beten und ihn salben mit Öl in dem Namen des Herrn. Und das Gebet des Glaubens wird dem Kranken helfen, und der Herr wird ihn aufrichten.« (Jak. 5, 13 ff.)

Das Beten des leidenden Kranken, die Initiative des Erkrankten, selbst den Ältesten der Gemeinde zu sich zu rufen, und die Intention, über dem Kranken zu beten und ihn mit Öl im Namen des Herrn zu salben, gehören schon zur frühesten christlichen Praxis. Daß diese Form des Gebetes des Glaubens dem Kranken hilft und die wirkliche

Aufrichtung durch den erfolgt, der das Schicksal von Krankheit und Tod in seinen Händen trägt, spricht als Gewißheit aus diesen Zeilen.

Wenn es die Situation erlaubt, dann entfaltet sich das volle Sakrament der Ölung in drei kurzen, aber innerlich großen Schritten. Es beginnt mit einer Beichte, gefolgt vom Vollzug des Beichtsakramentes, geht über in das letzte Abendmahl und erfüllt sich in der Ölung selbst.

Zur Beichte

Tief im Menschen wurzelt das Bedürfnis, sich auszusprechen und mitzuteilen. Hat er sein Leben so geführt, daß der Rückblick auf seine zurückgelegte Wegstrecke durch geübte Erinnerung möglich war, und war er darüber hinaus gewohnt, dabei einen moralischen Maßstab anzulegen, dann ist die Rückschau auf das Leben in seiner Ganzheit ein tiefes Anliegen. Selbstverständlich gibt es keinen Beichtzwang. Die Beichte ist weder Gebot noch Pflicht, sie lebt und gedeiht nur im Lebensraum der inneren Freiheit. Der Beichtende spricht sich aus, der Priester hört zu, und zwischen Sprechen und Hören zweier Menschen, die im Namen Christi miteinander verbunden sind, mag ER selbst gegenwärtig sein.

In jedem Leben gibt es Dinge, die nach Klärung und Ausgleich drängen. Vor dem Tode ist oft ein tiefes Bedürfnis vorhanden, noch ein Wort des Vergebens oder Verzeihens auszusprechen, oder es dem übermitteln zu lassen, der vielleicht nicht selbst anwesend sein kann. Wie ein

Bauer, nach getaner Arbeit auf einer Bank sitzend, sich das von ihm bearbeitete Land im Licht der untergehenden Sonne ruhig anschaut, so fühlt der Sterbende die Gegenwart dessen, der das Licht der Welt ist und der sich den Acker des Lebens anschaut und beleuchtet. Worte eines Sterbenden haben vermächtnishaften Charakter. Sie entlasten sein Herz wie seinen Atem und erleichtern den Lebensabschluß. Aber ein Ohr, das sich neigt, ein Mensch, in dem jedes richtende Urteil verstummt und der ganz verstehende Liebe geworden ist, hilft dabei. So schenkt sich die Möglichkeit, mit Gott und den Menschen im reinen zu sein.

Ist das Letzte gesagt, was der Sterbende in innerer Freiheit sagen will, dann spricht der Priester die Worte des Beichtsakramentes.[3]

Daraufhin können sowohl zu Hause als auch im Krankenhaus die nächsten Angehörigen hinzutreten, sofern es der Kranke selbst so will, und mit ihm zusammen das letzte Abendmahl feiern. Es kann so unter Umständen zur verbindenden letzten gemeinsamen Tat im Aufblick zu dem Herrn über Leben und Tod werden. Natürlich ist jetzt vorausgesetzt, daß der Patient bei Bewußtsein, sprachfähig für den Vorgang des Beichtens und empfangsfähig für die Kommunion ist.

3 Siehe dazu Johannes Lenz: Die neue Beichte, Stuttgart 1983, das Kapitel: Die letzte Beichte – die Beichte und das Sterben.

Das letzte Abendmahl

In einer ganz kurzen Handlung spendet der Priester dem Kommunikanten das Abendmahl. Er reicht die Hostie und damit das Brot und danach den kleinen Kelch und damit den Wein. Während sich Leib und Blut des Menschen anschicken, ihre natürliche Bestimmung für dieses Erdenleben zu beenden, durchdringen Leib und Lebensblut Christi auf übernatürliche Weise den Kommunikanten: das Unsterbliche des Menschenwesens und die Auferstehungsleiblichkeit, die sich in dem endlichen und natürlichen, dem Tode unterliegenden Körper heranbilden, werden ergriffen und erhöht durch den, der den Tod überwunden hat und das ewige Leben dem Menschen segnend zuteil werden läßt.

Zur letzten Kommunion wird der Kranke nach Möglichkeit hochgebettet, so daß der Vorgang des Kommunizierens erleichtert wird. Ein Ministrant kann dabei als Sprecher und Handelnder der Gemeinde im kultischen Gewand dienen.

Die Heilige Ölung

Der dritte Vorgang – das Sakrament der Ölung selbst – kann unabhängig von den Bewußtseinsverhältnissen gespendet werden. Es erreicht den Empfänger sowohl im Koma (griechisch – tiefer Schlaf), bei völliger Bewußtlosigkeit als auch bei eingetretener Agonie (von griechisch agon – der Kampf, Todeskampf).

Es beginnt mit dem Sprechen des Hohepriesterlichen Gebetes. Im Johannes-Evangelium wird es im 17. Kapitel überliefert. Der Wortlaut des Evangeliums und das Wort des Sakramentes fließen wie zwei Ströme, die verschiedenen Quellen entstammen, sich aber dennoch vereinigen, an manchen herausgehobenen Stellen ineinander über. So geht der kultischen Ölung jenes Gebet voraus, das Jesus Christus im Zusammenhang seiner »Abschiedsreden« zu dem Vater-Gott hingesprochen hat. Sein Inhalt und seine Sprache sind vom Augenblick bestimmt. Die Stunde ist gekommen, in der Jesus Christus nach dem Abendmahl und damit der Stiftung des Sakramentes als Zeichen des neuen Bundes bewußt auf seinen Tod zugeht. In der Zuwendung zum himmlischen Vater spricht er das Geheimnis des ewigen Lebens aus, das den Menschen zuteil werden kann, die sich Christus, der dieses Leben ist, verbinden. So wie der Hohepriester des jüdischen Volkes im Tempel mit den Namen der zwölf Stämme auf den Schultern vor die Gottheit hintrat, um für sein Volk zu beten, so betet Jesus Christus als Hohepriester für alle, die den Christus in sich fühlen, sich zu ihm bekennen, sich mit ihm verbinden und durch ihn zum Vater kommen.

Das gleiche Gebet wird beim Sakrament der Konfirmation gesprochen.[4] Im Leben eines Christen ist das jener Augenblick, in dem an die Stelle der Eltern, Lehrer, Paten und Priester, die das Kind geführt haben, Christus tritt und die innere Führung des Lebens übernimmt. Er tut dies in dem Maße, wie sich das Herz des Heranwachsenden

4 Siehe dazu Johannes Lenz: Die Konfirmation, Stuttgart 1984

ihm erschließt und sich zu ihm bekennt. Das Hohepriesterliche Gebet bildet so eine Brücke, die von der Konfirmation zur Heiligen Ölung gebaut ist. Von diesem Jugendalter an wissen wir vom Tod und dem Leben angesichts des Todes. Wir erfahren in unserem Schicksal immer neu die Nähe der Schwelle, und wir tun gut, daran zu denken, daß bewußtes geistiges Leben, die Teilhabe am ewigen Leben zu Lebzeiten heißt: Einübung in das Sterben. Angelus Silesius hat das im »Cherubinischen Wandersmann« auf alte Weise so ausgesprochen:

Wer nicht stirbt, eh' er stirbt,
der verdirbt, wenn er stirbt.

Zur Heiligen Ölung tritt der Priester mit dem geweihten Öl an den Sterbenden heran und vollzieht eine dreifache Salbung: über jedem der beiden Augen und in der Mitte der Stirn. Dem Haupt des Menschen werden dadurch drei Kreuze eingezeichnet. Es wird damit zu einer Schädelstätte (Golgatha), auf der die Kreuze als Zeichen des Todes, aber auch der Auferstehung und eines neuen höheren Lebens eingeschrieben sind. Zu jeder Salbung wird ein entsprechendes Gebet gesprochen. Der eingetretene Tod wird medizinisch als Exitus bezeichnet – »er ist hinausgegangen«. Die kultischen Worte weisen auf den Vorgang der Lösung vom Leibe, des Herausgehens und der Spendung des Segens Christi hin.

Wer ein solches Sakrament oft erleben durfte, ist tief bewegt von der Kraft und der Wirkung, die mindestens bei jenen Menschen miterlebbar ist, bei denen aus dem Seelengrund ein tiefes Echo eintritt, weil sie durch lange Jahre

Senden Sie

☐ Prospekte ☐ Probehefte

auch an folgende Adresse(n):

Bitte
ausreichend
frankieren

Verlag Urachhaus

Postfach 13 10 53

D-7000 Stuttgart 1

das kultische Wort gehört und die Lebenskraft des Sakramentes aufgenommen haben. Auch das Zeichen des Kreuzes hat den Gläubigen begleitet. Es wurde schon bei der Taufe im Namen der göttlichen Dreifaltigkeit über dem Kinde gezeichnet. Der Konfirmand bekreuzigt sich zum ersten Mal bei der anschließenden Menschenweihehandlung; das Ehepaar hat es als Bild und Zeichen der Kreuzung beider Lebenswege bei der Trauung erblickt. Nun vollendet sich das Leben im Zeichen des dreifachen Kreuzes – die Schwelle ist erreicht. Der Übergang vom Sterblichen zum Unsterblichen, vom Irdischen ins Geistige, vom Zeitlichen ins Ewige kann geschehen: Schicksal waltet.

Selbstverständlich ist dabei, daß dieses Sakrament und die entsprechende Lebensorientierung so vertraut sein sollten, daß weder eine Beunruhigung noch ein Schrecken die Seele erschüttern, sondern im Gegenteil sich eine tiefere Ruhe und Ergebenheit dem Schicksalswillen und der geistigen Führung gegenüber einstellen.

Tritt der Tod nicht ein, ja lebt der Kranke nach vollzogener Ölung wieder auf, dann kann nach einem neuen Lebensabschnitt und bei neuer tödlicher Krankheit das Sakrament der Ölung wiederholt werden.

Der Augenblick des Todes

Jeder Mensch hat seinen eigenen Tod. Wann und wie er ihm begegnet, läßt sich nicht vorhersagen. Er kann als Abschluß einer langen und schweren Krankheit befreiend und erlösend auftreten. Er ereilt aber auch den scheinbar unvorbereiteten Menschen plötzlich durch einen »Schlag«, so daß sich alle dem unerwarteten Ereignis stellen müssen. Ebenso kann der plötzliche Tod als Folge eines Unfalls eintreten, sei es ein Betriebsunfall bei der Arbeit oder ein Verkehrsunfall auf der Straße. Manche Kreuze am Wegrand zeugen davon. Die nüchtern und sachlich formulierte Meldung des Straßenfunks, die von einer Unfallstelle, einem Räumen und einer Verkehrsbehinderung und Umleitung sprechen, lassen selten das schreckliche Bild mitvollziehen, wie es der unmittelbar Beteiligte oder die Vorüberfahrenden erleben müssen. Auch der plötzliche Tod infolge eines medizinisch notwendigen chirurgischen Eingriffs mag dazu gehören. Die Älteren werden sich noch des Soldatentodes der »Gefallenen« oder des durch Bomben in den Städten erlittenen Todes erinnern. Grausam war die Ernte. Darüber hinaus seien nicht vergessen die furchtbaren Tode, die Menschen zu verantworten hatten, angefangen bei der Euthanasie (»Wohltötung«) Behinderter über die unendlich vielen Toten, die in Kriegsgefangenenlagern starben, bis zum Tode durch Elend und Vergasung in den KZ-Lagern und bei der Vertreibung aus der Heimat.

Naturkatastrophen bereiten immer wieder zahllosen Menschen den Tod. Das Beben der Erde, das Ausbrechen von Vulkanen und das Stürmen von Unwettern reißen oft viele Menschen in der gleichen Stunde über die Schwelle. Von daher erscheint das allmähliche Sterben im Zusammenhang mit einer schweren Erkrankung und dem natürlichen Altern für den Sterbenden selbst wie für seine Angehörigen beinahe als Gnade des Schicksals. Dem Augenblick des Todes geht ein Prozeß des Sterbens voraus, der alle Beteiligten in sein menschlich-übermenschliches Geschehen einbezieht und ihnen oft die Freiheit schenkt, den Tod selbst in seiner Majestät und Größe als heiligen Augenblick zu erleben.

Die Hinführung zum Tode stellt hohe Ansprüche an die Pflegenden, sei es zu Hause, sei es im Krankenhaus. Wer aber das Sterben und den Tod annimmt, wird tief bereichert sein in seiner Lebens- und Todeserfahrung und das Erleben der letzten Stunden eines Verwandten am Sterbeort nicht missen wollen. Die Krankenhäuser sollten in Zukunft mehr Räumlichkeiten dafür vorsehen, damit auch die Angehörigen beim Sterben eines Menschen nicht ausgeschlossen werden müssen. Im Grunde sehnt sich zwar jeder Sterbende danach, zu Hause sterben zu dürfen, vielleicht gerade weil das »Nach-Hause-Gehen« angesichts des Schwellenüberganges eine doppelte Bedeutung hat im Blick auf die irdische und die geistige Heimat, aber es wird oft nicht in der häuslichen Umgebung zu leisten sein.

Ist das Sterben ein allmählicher Vorgang und kann der Sterbende den Tod annehmen und letztlich bejahen, dann tritt oft vor dem Tode eine kürzere oder längere Phase ein, in der die Schmerzen schwinden und die Seele frei wird, um auf das wunderbare große Ereignis zuzugehen. Angehörige können diesen Gang begleiten, indem sie mit dem Sterbenden oder für und über ihm beten. Zum Vaterunser und dem Bekenntnis können ausgewählte Psalmen hinzugenommen werden.[5] Da vielfach die Hörfähigkeit schwindet, sollte der Lesende sorgfältig die Lautstärke abtasten. Das Vorlesen des Evangeliums, insbesondere des Johannes-Evangeliums, das in immer neuen Bildern und Worten das Geheimnis des ewigen Lebens enthüllt, ist ebenso eine gute und bewährte Möglichkeit. Die Kraft des Wortes in Gebet und Evangelium hilft bei der Herauslösung aus dem Hause des Leibes, die Formgestalt der Seele zu bewahren. Doch ist mit innerem Takt dabei abzuspüren, wann Schweigen am Platze ist. Ein stilles Dasein am Sterbelager und vielleicht das Halten der Hand kann manchmal mehr sein als das Sprechen und Lesen. In jedem Fall ist es gut, ein Neues Testament und ein Büchlein, in dem die Texte aufgeschrieben sind, die zu einem letzten Geleit taugen, zur Hand zu haben. Dabei kann zum Lesen des Evangeliums eine Kerze entzündet werden.

Bei Sterbenden kann sich der Atem verändern. Die Blässe des Antlitzes, das Herausmeißeln des Schädels, das Trocknen der Lippen und des Gaumens, das Erkalten der Beine verbunden mit der Verlangsamung des Atems sind Zeichen, die wir sehen und beachten lernen müssen. Damit geht einher das Vergehen und Verzehren der Leiblich-

5 Rudolf Frieling: Gesammelte Schriften zum Alten und Neuen Testament, Band II, Psalmen, Stuttgart 1985

keit, der »Knochenmann« tritt in den Vordergrund und kennzeichnet Hände, Arme und Gestalt.

In der modernen Medizin wird heute diskutiert, wann der klinische Tod eintritt. Die Messung der elektrischen Vorgänge des Gehirns hat die Kenntnis vom Sterben vermehrt. Doch wird der Stillstand des Herzens und der letzte Atemzug weiterhin das allgemein sichere Zeichen für den Eintritt des Todes sein. Das Leben beginnt mit dem ersten großen Einatmen nach der Geburt und dem ihm folgenden Urschrei.[6] Das Leben endet mit einem ganz stillen oder auch machtvollen letzten Ausatmen. Manchmal tritt ein kleiner stöhnender Schrei der Erlösung hinzu. Wenn auch der Rhythmus des Atems flacher und flacher werden kann mit größer werdenden Zwischenräumen, so daß zuweilen schon die Atemstille im Raume waltet, bis fast unerwartet noch ein neuer Atemzug getan wird, so ist das letzte Ausatmen, verbunden mit dem Aufhören des Pulsschlages, ein sicheres Zeichen des Todes. Das Auge bricht.

Auf alten Grabsteinen, z. B. im Oberengadin, ist häufig ein Schmetterling abgebildet. Wie ein Falter sich mit seinen farbenprächtigen Flügeln der Puppe entringt, die Hülle zurücklassend, so entringt sich die Seele und das Ich des Menschen oft unter Schmerzen und der Eigenrhythmik eines Sterbevorganges dem irdischen Leibe. Charakteristische Bewegungen, die das Lösen fördernd begleiten, eine Art Sterbeeurythmie, können auftreten. Ein »Aufstehen-wollen« und »Hinausgehen« sind ebenfalls Sym-

6 Arthur Janov: Der Urschrei, Frankfurt/M. 1973

ptome des Willens zum Aufbruch in eine andere Welt. Professor Dr. med. Takashi Nagai, der 1951 an den Folgen der Atombomben-Explosion starb, schrieb als ein vom Strahlentod Gezeichneter:

»Es wird nicht mehr lange dauern, und er wird mich heimsuchen, der Tod. Doch auch er ist nur eine Gabe oder ein Bote der Liebe Gottes zu mir, ihr letzter und größter Erweis; eine Gabe Gottes, der die Liebe selber ist. Und darum nehme ich mir vor, die Seelenängste und die körperlichen Leiden, die nun einmal vor dem Tod durchgestanden sein wollen, gerne hinzunehmen als notwendig zur größeren Ehre Gottes. Der Tod ist doch die Trennung von Seele und Leib. Nur wenn die Zikade ihre abgestreifte Hülle auf der Erde liegen läßt, vermag sie sich in die klaren Lüfte zu erheben. Solange ihre Larve, in der Erdscholle lebend, der Sonne Lichtflut am Firmament nicht erfährt, mag sie beim Anblick ihrer abzustreifenden Schale trauern, bangen und seufzen. Um so lauter wird die Zikade singen, wenn sie frei von Erdenschwere in den blauen Äther steigt.«[7]

Die Beziehung zum Raum und unserer irdischen Welt verändert sich im Tode. Die Seele entringt sich dem Leibe, tritt ihren Gang in die Heimat an und erlebt dabei die räumliche Umgebung aus einer sich steigernden Distanz von der Erde. Wird die Seele angesprochen, kommt sie manchmal wie von weither zurück und will Menschen, die

7 Die Stimme des Menschen – Briefe und Aufzeichnungen aus der ganzen Welt – 1939–1945, hrsg. v. Hans Walter Bähr, München 1961, S. 547–553

vielleicht Abschied nehmen wollen, gar nicht mehr sehen. Sie ist bereits auf dem weiten Weg nach drüben. Das Allzumenschliche interessiert nicht mehr. Der Sterbende ist in anderen Erfahrungsräumen. Er sieht zum Beispiel mitten im Raum Wesen, die ihn ansprechen, rufen, ihm zuwinken und ihn holen wollen. Verstorbene, die ihm vorangegangen sind, treten jenseits der Schwelle auf. Die Tür zum anderen Raum hat sich geöffnet. Unverkörperte Seelen heißen den Neuankömmling willkommen.

Zu den ersten Begleitumständen kann es gehören, daß mit der Lösung des Sterbenden auch alles, was unter der Schwelle des Bewußtseins gegenwärtig war, frei wird. Eine alte Menschenkunde hat dieses Phänomen »Doppelgänger« genannt. Die Geisteswissenschaft Rudolf Steiners spricht auf neue Weise davon.[8] Dabei können Zustände auftreten, in denen das wache Tagesbewußtsein herabgesetzt ist und aus der Tiefe der Menschennatur etwas an die Oberfläche drängt, was sonst verborgen war. Bösartiges und Geiziges, Obszönes und Schmutziges, Undankbares und Aggressives enthüllt sich. Pfleger und Angehörige stehen oft vor einem Rätsel. Sie tun sich schwer, das Krankenzimmer überhaupt zu betreten, und müssen manches über sich ergehen lassen, mit dem sie nur dann fertig werden können, wenn sie sich bewußt machen: Das kommt nicht von dieser Persönlichkeit, die ich kenne, das ist nicht von ihr selbst; das ist etwas vom Wesen des »Doppelgängers«, der gerade dann zu rumoren beginnt, wenn es auf

8 Rudolf Steiner: Individuelle Geistwesen und ihr Wirken in der Seele des Menschen, GA 178

den Tod zugeht. Der Betreuer wird sich wappnen, wenn er dieser dunklen Seite des Sterbenden zu begegnen hat. Manchmal kann dieser Vorgang auch humorvoll auftreten. Der Verfasser hat bei der Betreuung einer sterbenden alten Hutmacherin im Krankenhaus der Barmherzigen Brüder in München folgendes erlebt: acht Tage vor dem Tode besuchte ich die Sterbende. Sie empfing mich strahlend und sagte: »Haben's ihn noch g'sehen? – Da – eben ist er 'nausgefahren« und wies mit der Hand in die Richtung, als schaute sie ihm noch nach...

Wie sich die Beziehung zum dreidimensionalen Raum ändert, so wandelt sich auch die Beziehung zur Zeit. Der rhythmische Wechsel des Zeitenablaufes verändert sich für das Bewußtsein; am Tag wird geschlafen, nachts gewacht. Die Bitte, einen großen Wecker auf den Nachttisch zu stellen, hängt nicht nur damit zusammen, daß die kleineren Zahlen der eigenen Armbanduhr nicht mehr wahrgenommen werden, sondern daß die Bewegung der großen Zeiger angeschaut werden will. Wer sich der Ewigkeit naht, dem verändert sich die Zeit. Sie vergeht nicht, sie wird »lang«; aber sie kann sich auch erfüllen durch intensiv erlebte innere Bilder, die schon der Zeitlosigkeit entstammen. Sie können sowohl im Traum als auch visionär im Bildbewußtsein entstehen. Die seelischen Erlebnisse durch die offene Tür hindurch in das Jenseits können so bewegend und schön sein, daß die Rückkehr in unsere Zeit und Erfahrungswelt dem Betreffenden schwerfällt. Die Sehnsucht zieht nach drüben. Daß jeder Tag des Erdenlebens wertvoll und kostbar ist, muß unter Umständen dann einem solchen Menschen gesagt werden.

Die Erinnerungsfähigkeit schwingt ebenfalls in der Zeit zurück. Das Leben rundet sich, die Kindheit ist ganz nahe. Wer mit viel Zeit am Bett eines Sterbenden verweilt, kann Kostbares und Wichtiges erzählt bekommen; sprechend wird es vergegenwärtigt und zunächst in jenem objektiven Licht angeschaut, das selbst schon von jenseits der Schwelle stammt. Ewiges und Zeitliches berühren einander. Das raum-zeitlich-beengte und begrenzte Bewußtsein weitet und dehnt sich aus. Im Augenblick des Todes wird es ganz frei und kosmisch groß. Der größte Augenblick des Lebens tritt ein. Der Mensch steht vor Christus und schaut ihn. Mensch und Gott begegnen einander in der Stunde des Todes.

Woher wissen wir das? Zunächst aus dem Neuen Testament, aber auch aus der Seelen- und Geisteswissenschaft Rudolf Steiners und schließlich aus der Beobachtung und Erfahrung am Krankenbett. Ein Zeugnis dieses Wissens in der Gegenwart ist ein Gedicht von Marie-Luise Kaschnitz:

Ein Leben nach dem Tode

Glauben Sie, fragte man mich,
an ein Leben nach dem Tode,
und ich antwortete: Ja.
Aber dann wußte ich
keine Auskunft zu geben,
wie das aussehen sollte,
wie ich selber
aussehen sollte
dort.

Ich wußte nur eines,
keine Hierarchie
von Heiligen auf goldenen Stühlen sitzend,
kein Niedersturz
verdammter Seelen
nur
nur Liebe, freigewordene,
niemals aufgezehrte mich überfluten...

Die Aufbahrung und die Totenwache

Ist der Tod zu Hause eingetreten, dann sind einige praktische Maßnahmen zu ergreifen.

Mit einem etwas angefeuchteten Wattebausch werden die Augen geschlossen und dann die Lider beschwert, damit sie so liegen bleiben. Die Arme sollen zueinander gelegt und die Hände gefaltet werden. Mit einem Tuch, das um den Kopf geschlungen wird, bindet man das Kinn hoch, so daß der Mund geschlossen wird. Tritt nach einiger Zeit der Erkaltung die Starre ein, dann sind die Augen und der Mund geschlossen und die Hände gefaltet. Kissen, auf denen der Sterbende lag, werden entfernt, so daß der Tote ganz flach liegt. Andererseits kann bei manchen ein kleines unterlegtes Kissen dazu beitragen, eine natürliche Haltung zu erreichen. Ist ein Standleuchter vorhanden, dann kann er neben das Lager gestellt oder mit anderen Leuchtern eine oder mehrere Kerzen entzündet werden. Das Fenster wird leicht geöffnet, so daß ein frischer Luftzug möglich ist. Die Heizung wird abgestellt.

Als erstes sollten dann der Hausarzt und der Pfarrer orientiert werden. Der Hausarzt, weil er den Tod amtlich festzustellen hat und den Totenschein ausstellen muß, der Pfarrer, weil er in alle folgenden Erwägungen und Entscheidungen, die auf die Bestattung zielen, ganz früh einbezogen sein sollte und die Betreuung übernimmt.

In der Bundesrepublik gibt es im allgemeinen private und kommunale Bestattungsunternehmen. Beide senden auf Anruf einen Vertreter ins Sterbehaus, so daß an Ort und Stelle alle notwendigen Dinge in fachkundiger Beratung besprochen und beschlossen werden können. Die Ausstattung des möglichst schlichten Holzsarges und das Leichenhemd, die amtliche Leichenschau durch den Amtsarzt, Ort und Zeit der Beisetzung, Einzelheiten der Beisetzung bis hin zu Drucksachen und Anzeigen in Tageszeitungen können alle mit dem Repräsentanten des Bestattungsinstitutes geordnet werden. Dabei ist es wichtig darauf zu achten, daß nach Möglichkeit drei bis dreieinhalb Tage vom Augenblick des Todes bis zur Beisetzung verstreichen sollten.

Alle diese Maßnahmen haben auch eine finanzielle Seite, die erhebliche Aufwendungen erfordert. Doch ist generell Schlichtheit und Bescheidenheit angesichts des Todes angemessen.

Mit dem Bestattungsinstitut wird dann auch die Zeit vereinbart, wenn die Einsargung erfolgen soll. Dies sollte so spät wie möglich sein, damit der erste Teil des Bestattungsrituales – die Aussegnung – noch am offenen Sarg und im Sterbehaus vollzogen werden kann. Danach erst erfolgen die Schließung des Sarges und der Abtransport. Dazu können selbstverständlich der engste Familienkreis und Freunde gebeten werden, doch ist die frühzeitige zeitliche Abstimmung und Beratung mit dem Pfarrer dazu unerläßlich.

Neben den notwendigen praktischen Entscheidungen, die manchmal schwerfallen, aber auch als Hilfe gesehen werden können, daß das Leben, das Wachheit und Diesseitigkeit erfordert, weitergeht, ist Ruhe und Würde bis in die Atmosphäre des Sterbehauses hinein nötig.

Das Antlitz des Toten kann das Wesen dieses Menschen widerspiegeln. Auch wenn die Starre des Leichnams eingetreten ist, gehen oft staunenswerte Wandlungen im Antlitz vor sich. Es vermag sich zu verjüngen. Ein Lächeln kann sich spiegeln. Phasen der erscheinenden Jugendlichkeit und der geistig-seelischen Schönheit können sich darstellen. Immer neu an der Bahre zu wachen und den Blick auf dem Toten ruhen zu lassen, bereichert unendlich und prägt keineswegs nur leidvoll das Bild des Antlitzes in die Seele ein. Das hilft später bei der Erinnerung.

Wer den Tod als Schwellenübergang in ein anderes, aber letztlich heimatliches Reich sieht, der wird auch seine Gedanken zu diesem Reich erheben wollen, in das die Seele des Verstorbenen eintritt.

Neben den brennenden Kerzen sollte ein Neues Testament bereitliegen, in dem dann während der Totenwache gelesen werden kann. Der Wortlaut des Evangeliums stammt aus der geistigen Welt, in die wir durch den Tod eingehen. So kann das Lesen des Evangeliums – insbesondere des Johannes-Evangeliums – Herz und Gedanken zu dem Ort der Verstorbenen erheben. Dabei darf das Lesen halblaut erfolgen, denn das gesprochene Wort ist um einen Grad wirklicher als das nur gedachte oder stumm gelesene.

Finden sich mehrere Menschen, dann kann in freier Weise, einander ablösend, das Wachen eine schützende, helfende und dankende Gebärde der Hinterbliebenen sein. Der Raum der Aufbahrung erweitert sich zu einem Innenraum, in dem das Wort des Neuen Testamentes lebendig wird und als Gebet aufsteigt zu Gott.

Die Aufbahrung und die Totenwache können so, wenn es die Verhältnisse erlauben, wieder zu einem Brauch werden, der der zunehmenden Verdrängung des Todes, seiner Anonymisierung und Mechanisierung, entgegenwirkt. Der Tod erhält seinen würdigen Platz mitten im Leben.

In den Alters- und Pflegeheimen der Sozialwerke der Christengemeinschaft und den befreundeten Einrichtungen werden üblicherweise Aufbahrungsräume mitgebaut und eingerichtet. Auch Krankenhäuser sehen solche Räume gelegentlich vor und leisten damit einen wichtigen Beitrag zur würdevollen Gestaltung der Aufbahrung. In Kirchen wurden und werden mancherorts Aufbahrungsräume eingebaut, je nach den orts- und landesüblichen Möglichkeiten und Vorschriften. Dann kann die Gemeinschaft der Bewohner eines Heimes oder die Gemeinde im Umkreis einer Kirche diesen letzten Dienst in freier und selbstgewählter Ordnung übernehmen. Sie ist jedoch eine Sitte, kein unerläßlicher Teil im Umkreis der Totenpflege.

Hier ist nichts Mystisches gemeint. Nüchterne Heiligkeit drängt sich angesichts des Todes auf. Wenn alles aus ruhiger Objektivität und mit jener Würde geschieht, die uns der Tod als Ausdruck und Sprache der geistigen Welt nahelegt, wird sich um ihn wieder ein Lebensgefühl bilden, das festlich gestimmt ist. Der Schmerz wird dadurch nicht geringer, aber er bekommt eine Tiefe, die auch jene

Tröstung einschließt, die von der geistigen Welt ausgeht. Der Tod nimmt uns nicht nur einen Menschen. Er vermag ihn auch zu schenken in einer Dimension, die wir zu Lebzeiten nur selten erreichen.

Die Kunde vom Tod

Thanatos heißt im Griechischen der Tod. Thanatologie nennen wir heute den jungen Zweig der Wissenschaft, der sich mit der Kunde vom Tod befaßt. Dabei sind nicht die Fragestellungen und die Probleme gemeint, die sich in der Medizin durch Unfälle und die Möglichkeiten der technischen Apparate stellen: Wann nämlich der Augenblick des Todes wirklich eintritt? Wie lange sind elektrische Ströme des Gehirns meßbar? Ist es das Aufhören des Atmens? Steht im Augenblick des Todes das Herz für immer still? Die Thanatologie dagegen sucht zu erforschen, was im Tode selbst vorgeht. Sie hat einen erstaunlichen Aufschwung genommen und ist Mitte der siebziger Jahre öffentlicher Diskussionsgegenstand geworden. Am Anfang stand der Bericht von Dr. med. George G. Ritchie, den er mit Elizabeth Sherrill unter dem Titel »Return from tomorrow« in Amerika veröffentlichte, der dann in Deutschland unter dem Titel »Rückkehr von morgen« erschien.[9]

Der 21jährige Student der Philosophie Raymond A. Moody jr. hörte von diesem Bericht und wurde veranlaßt, sich seinerseits, nach seinem Wechsel in die medizinische Fakultät, mit der Erforschung des Todes zu befassen. Als Psychiater an der Universitätsklinik in Virginia/USA begann er eine fünfjährige Untersuchung, deren Ergebnis er

9 George G. Ritchie: Rückkehr von morgen, Marburg 1985[8]

unter dem Titel »Erforschung eines Phänomens – Das Überleben des leiblichen Todes: Life after life«, 1975 veröffentlichte. Die deutsche Ausgabe erschien 1977 unter dem veränderten und nicht ganz richtigen Titel »Leben nach dem Tod« und traf auf ein inzwischen stark gewachsenes Interesse an diesem Grenzbereich des Lebens. Von Juli bis Oktober schnellte die Auflage auf 125000.

Gleichzeitig hatte jedoch eine Schweizer Ärztin, Dr. Elisabeth Kübler-Ross, ihre eigenen Studien betrieben und war zu vergleichbaren Ergebnissen ihrer Untersuchungen gekommen. Erst 1976 lernten sich beide Wissenschaftler kennen. Sie hatten unabhängig voneinander ihre Forschungsergebnisse veröffentlicht. Elisabeth Kübler-Ross' Bücher – »Interviews mit Sterbenden« und »Was können wir noch tun?« –, Antworten auf Fragen nach Sterben und Tod, fanden ebenfalls weite, beinahe volkstümliche Verbreitung.[10] Aus evangelischer Sicht veröffentlichte Johannes Christoph Hampe das Buch: »Sterben ist doch ganz anders – Erfahrungen mit dem eigenen Tod«.[11]

Im Vordergrund der Veröffentlichungen – die stellvertretend für andere genannt sind – stehen Erlebnisse und Erfahrungen von Menschen, die Augenblicke des leibfreien Erlebens mit dem Austritt des Ichs aus ihrem Körper bei lebensgefährlichen Zuständen erfahren hatten. Sie schildern ihre Erfahrungen als Menschen, die medizinisch und klinisch für kurze Zeit tot waren, aber dennoch geret-

10 Elisabeth Kübler-Ross: Interviews mit Sterbenden, Stuttgart 1971, Was können wir noch tun? Stuttgart 1974

11 Johann Christoph Hampe: Sterben ist doch ganz anders, Stuttgart 1975

tet werden konnten. Sie berichten dann ihre Innenerfahrungen. Neu ist, daß der Naturwissenschaftler und Mediziner sich diesem Erfahrungsbereich zuwendet. Wenn er auch traditionellerweise den Tod mit »Exitus« – er ist hinausgegangen – bezeichnet hatte, so hatte er seiner eigenen Aussage, daß eine Entelechie, ein Ich, den Leib mit dem Tod verläßt und fortexistiert, im allgemeinen nicht geglaubt. Die sorgfältig beobachteten Erfahrungen lassen jedoch keinen Zweifel zu, daß der Mensch leibfrei existieren kann und sogar Wahrnehmungen mit Augen und Ohren der Seele macht. Die Todeskunde vergangener Zeiten hat davon immer gewußt. Aus Tibet und aus Ägypten sind uns Totenbücher überliefert, die ganz ausführliche und genaue Darstellungen des Todes und der nachtodlichen Existenz enthalten. Sie beschreiben auch die Maßnahmen, die Lebende ergreifen und leisten können, wenn sie das Sterben, den Tod und das Nachtodliche begleiten wollen. Sie sind gleichsam Handbücher für Priester. Johannes Hemleben[12], Priester der Christengemeinschaft, hat in seinem großangelegten Werk »Jenseits« die Ideen zusammengetragen, die von Alt-Ägypten bis zu den geisteswissenschaftlichen Ergebnissen Rudolf Steiners über das Leben nach dem Tode vorliegen. Allerdings sind Ideen in diesem Bereich nicht Gedanken im heutigen Sinne, sondern im Sinne Platos Ideen-Begriff: Geschautes. Sie setzen eine Wahrnehmungsfähigkeit höherer Art voraus.

12 Johannes Hemleben: Jenseits – Ideen der Menschheit über das Leben nach dem Tode – vom Ägyptischen Totenbuch bis zur Anthroposophie Rudolf Steiners, Hamburg 1975

Wer also die Kunde vom Tod in der Bewußtseinsgeschichte der Menschheit studieren will, findet ein reiches Feld vor. Nicht nur die Kultur der Gräber, die von Anfang an den Entwicklungsgang der Menschheit in erstaunlicher Reife begleitet, sondern auch die Erfahrungskunde reicht tief in die Geheimnisse des Todes und des Lebens nach dem Tode hinein.

Thanatologie im modernen Sinn ist Todeskunde aus einem naturwissenschaftlichen Ansatz heraus. Sie benutzt die genaue Beobachtung und Beschreibung dessen, was beim Sterbenden und, soweit es berichtbar ist, im Augenblick des Todes geschieht. Das mögliche Argument, daß keiner, der wirklich gestorben ist, je berichtet habe, sondern nur Menschen, die längstens bis zu 20 bis 30 Minuten klinisch tot waren, beeindruckt nur den, der die Todeskunde in der Geistesgeschichte der Menschheit nicht kennt. Schaut man beides zusammen, die Ergebnisse der naturwissenschaftlich orientierten Thanatologie der Ärzte des zwanzigsten Jahrhunderts mit den geistigen Erfahrungen der Religionen und Kulturen, dann ist ein Zweifel wohl an Einzelheiten möglich, nicht jedoch an der Erfahrungsfülle, die vorliegt. Am schwersten tun sich wohl die Theologen der Gegenwart, seit die Methode der Naturwissenschaft auch in die Theologie Einzug gehalten hat. So lehrt die moderne Theologie betont die Radikalität des Todes. Der Mensch ist nach ihr auch im Tode tot. Da das trichotomische – dreigegliederte – Bild vom Menschen nach Leib, Seele und Geist, das für Paulus noch selbstverständlich war, von der dualistischen Anschauung von Leib und Seele weitgehend abgelöst worden ist, wird vor allem diese vertreten. Da der Leib aber endlich und sterblich ist, zwingt die Anschauung von der Leib-Seele-Einheit zur Anschauung vom radikalen Tod. Daß bei der Überbetonung des Leibes schließlich auch die Seele gefährdet ist und mit dem Tod wegzufallen droht, erleben wir Heutigen bereits ganz stark.

Hampe spricht entwaffnend aus, daß für die gegenwärtige Theologie die Anschauung des Tod-Seins des Menschen im Tode zwar nicht einhellig durch die Bibel belegt werden kann, »aber ihr ist um des Glaubens willen an diesem Argument gelegen«.[13] Wenn aber gar der Glaube nicht mehr der Bibel entspricht, dann fallen sogar die Säulen des Protestantismus. Wer seinen naturwissenschaftlichen Horizont durch die heutige Thanatologie erweitert und die Ergebnisse der bisherigen Kunde vom Tod hinzunimmt, liest auch das Alte und das Neue Testament neu. Er wird erstaunt sein, wie umfangreich die Bibel den Tod und das Nachtodliche bezeugt: Daß auch dem Alten und dem Neuen Testament ein Wissen der Uroffenbarung und der Offenbarung zugrunde liegt, das das Geheimnis des Todes und das Leben nach dem Tod enträtselt.

Hier sei die Erfahrung von George G. Ritchie wiedergegeben, der als Vorsitzender der Richmond-Akademie praktizierender Ärzte für seinen Bericht Zuverlässigkeit beanspruchen darf. Im Krieg erlitt er als zwanzigjähriger Rekrut 1943 in einem Ausbildungslager am Rande der Wüste eine hochfiebrige doppelseitige Lungenentzündung. Beim Röntgen brach er zusammen. Der klinische

13 Johann Christoph Hampe: a.a.O., S. 128

Tod trat ein. Abgedeckt wurde er im Sterbezimmer des Krankenhauses aufgebahrt. Und dort hatte er folgendes Erlebnis der Leibfreiheit, das er uns rückblickend berichtet:

»Ich war Ich, hellwach, nur ohne Körper, mit dem ich mich sonst bewegte.« (S. 36)

Er taucht in eine Welt des Lichtes ein.

»Ich war voller Erstaunen, wie die Helligkeit zunahm. Sie kam von nirgendwo her und schien überall gleichzeitig zu sein... Jetzt sah ich, daß es nicht ein Licht war, sondern ein Mann, der den Raum betreten hatte, oder vielmehr ein Mann aus Licht...« (S. 36)

Mit der Wahrnehmung dieses Lichtwesens vernimmt er in sich die Weisung »Steh auf!« Er fühlt, daß er dem vollkommensten menschlichen Wesen gegenübersteht, dem er je in seinem Leben begegnet war. Und er erfährt Liebe.

»Diese Person war selbst Kraft, älter als die Zeit und dennoch moderner als irgend jemand, dem ich jemals begegnet war. Über allem wußte ich mit derselben wunderbaren inneren Gewißheit, daß dieser Mann mich liebte. Weit größer als die Kraft, die von seiner Gegenwart ausströmte, war die bedingungslose Liebe.« (S. 37)

Das Lichtwesen überschaut sein Leben.

»Wenn ich sage, er wußte alles über mich, dann war das ganz einfach eine sichtbare Tatsache.« (S. 38)

Sein inneres Erleben geht über in das Schauen des Lebenspanoramas.

»Denn gleichzeitig mit seiner strahlenden Gegenwart – wenn ich davon erzähle, muß ich beides getrennt beschreiben – war in diesem Raum jede einzelne Episode meines

Lebens eingetreten. Alles, was um mich herum geschehen war, war einfach da, in voller Sicht, gleichzeitig und fließend, so, als ob in einem Moment alles zu gleicher Zeit stattfinden konnte. Wie dies möglich war, wußte ich nicht. Nie zuvor hatte ich in solch einem Lebensraum, in dem ich nun zu sein schien, Erfahrungen gesammelt. Das kleine Einbettzimmer war immer noch sichtbar, aber es engte uns nicht länger ein. Dagegen war an allen Seiten um uns herum etwas, was ich nur mit einer Art Wandgemälde bezeichnen könnte – nur, daß die Gestalten dreidimensional waren, sich bewegten und sprachen. In unendlicher Geschwindigkeit rollten die Bilder des verflossenen Lebens an mir vorüber, hunderte, tausende, alle beleuchtet von dem brennenden Licht, in einem Zustand, in dem die Zeit anscheinend stillstand. Es hätte in normaler Zeit Wochen gebraucht, um nur einen flüchtigen Blick auf die vielen Ereignisse zu werfen, und dennoch hatte ich nicht den Eindruck, daß überhaupt Minuten vergingen ...« (S. 39)

Die Rückschau über das eigene Erleben erweckt die Frage, die in jeder Szene gegenwärtig war, »Was hast du aus deinem Leben gemacht? Was kannst du mir zeigen?« Und wenn in der leibfreien Seele sich die Frage erhebt, wie man hätte wissen können, was der Sinn und die Tiefendimension des Lebens sei, so, daß man aus ihm wirklich etwas machen könne, hört er auch die innere Antwort:

»Ich sagte es dir durch das Leben, das ich lebte. Ich sagte es dir durch den Tod, den ich starb.« (S. 42)

Im Unterschied zu manchen Erfahrungsberichten, die

ausschließlich die Lichtseite des Todesaugenblickes schildern, beschreibt Ritchie auch Erfahrungen, von denen er sagt:

»Ohne ihn und seine Gegenwart hätte ich in der Tat all das nicht verkraftet, was er mir zeigte.« (S. 45)

Er schaut Seelen von Selbstmördern, die gebunden und gefesselt sind an die Folgen ihres Handelns; er erlebt von der anderen Seite Szenen in einer Bar, wo sich Verstorbene, in denen der Durst über den Tod hinaus brennend ist, unter die Lebenden mischen:

»Voller Wünsche, brennend vor Verlangen und trotzdem kraftlos – das wäre in der Tat die Hölle. (S. 48)... Diese Kreaturen schienen an Gewohnheiten der Sinne und Gefühle, an Haß, Lust und zerstörerischen Gedanken und Vorstellungen gebunden zu sein...« (S. 50)[14]

Ihm wird nicht nur die beseligende Lichterfahrung des Wesens offenbar, dem die Menschenseele im Augenblick des Todes gegenübersteht, sondern er erfährt auch etwas von dem Kamaloka oder dem Fegefeuer, wie es die christliche Tradition nennt, in dem Seelen ihre Erdgebundenheit überwinden und reinigen müssen, bis ihnen ebenfalls das Licht zur Erfahrung wird.

Die Todeskunde – Thanatologie – der Gegenwart bestätigt also:

– daß der Augenblick des Todes zu einem majestätisch großen Erlebnis führen kann, das zu einer Erfahrung des Lichtwesens führt, das die Christen Christus nennen,

14 Alle Zitate aus George G. Ritchie: Rückkehr von morgen, Marburg 1985[8]

- daß das menschliche Ich als Kern der Persönlichkeit über den Tod hinaus fortbestehen kann,
- daß eine Zeit nach dem Tod verbunden ist mit ernsten und schweren Erlebnissen, die mit dem Aufarbeiten des Erdenlebens und Katharsis-Erfahrungen im Fegefeuer (Kamaloka) zusammenhängen.

Der Tod des Stephanus

– Vom christlichen Sterben –

Nach der Passion, den Ereignissen der Karwoche bis zum Tod Jesu Christi am Kreuz auf Golgatha ist das Sterben, der Tod des Stephanus das erste gelebte und bewährte Zeugnis der Nachfolge Jesu Christi. Sein Sterben birgt das offenbar werdende Geheimnis, wie sich das Sterben der Menschen nach und mit Christus verwandelt. Der Grieche hatte noch tiefe Schrecken vor der Welt des Todes. So läßt Euripides (480–407 v. Chr.) in seiner Tragödie die Iphigenie sprechen:

> »Nichts Süßeres gibt es, als der Sonne Licht zu schauen! Niemand verlanget nach da unten. Der raset, der den Tod herbeiwünscht! Besser in Schande leben, als bewundert sterben!«

Wer war Stephanus und wie starb er?[15] Lukas berichtet uns von ihm in seiner Apostelgeschichte: Stephanus ist ein Christus-Diener, der als kraftvoll begnadeter Mensch in der ersten urchristlichen Gemeinde wirkt, die nach dem Ergießen des Feuerstromes des Heiligen Geistes machtvoll herangewachsen war. Sie gerät jedoch in Auseinandersetzungen, wird angegriffen. Stephanus verteidigt den neuen Glauben und erweist sich den Gegnern gegenüber als geistig überlegen. Da ereilt ihn die Anklage und der

15 Siehe dazu auch Johannes Lenz: Stephanus, in »Die Christengemeinschaft« 1984/12

gleiche Vorwurf, der im Prozeß Jesu schon erhoben worden war: er habe Gott gelästert und gegen das Gesetz Mose gehandelt. Eine Woge der Christenfeindlichkeit brandet auf. Er wird als Diakon verhaftet, angeklagt und vor den Hohen Rat gestellt.

In einer berühmt gewordenen Rede spricht Stephanus vor diesem Rat als der geistlichen und rechtlichen Repräsentanz des jüdischen Volkes das christliche Zeugnis und Bekenntnis aus. Dabei sehen die 72 Ältesten »sein Angesicht wie das Angesicht eines Engels« (Apg. 6, 15). Die Anklage, die seinen Tod fordert, erweckt in ihm seine Verbundenheit mit seinem Engel. Seine wahre Bestimmung leuchtet auf. Er kann sprechen aus der geistigen Vollmacht unmittelbarer Erfahrung und Erfüllung mit dem Heiligen Geist. Durch ihn spricht sich der Engel aus, aber seine Verkündigung der frohen Botschaft ruft nur Zorn und wütendes Zähneknirschen seiner Gegner hervor. Die nächste Stufe enthüllt sich. Sein Schicksal wird zur Opfergabe. In der Nachfolge Jesu Christi geht er auf die Hingabe seines Lebens zu. Während er sich dieser letzten und tödlichen Konsequenz stellt, wird eine höhere Wandlung wirksam:

> »Voll heiligen Geistes aber sah er zum Himmel, blickend die Herrlichkeit Gottes und Jesus zur Rechten Gottes stehend.« (Apg. 7, 55)

Mit der Bereitschaft zum Tode steht er den wilden, erregten und seinen Tod fordernden Menschen mit ruhigem Geist souverän gegenüber. In innerer Anspannung seiner geistigen Kraft wird er gewürdigt, den Lichtglanz, die Glorie des Herrn zu schauen. Zur Seite des Vaters wird

Christus wahrnehmbar. Zum Himmel erhöht steht er zur Rechten Gottes. Als Vollführer und Vollender der Taten des Vatergottes nimmt er diese Stellung ein. Was Stephanus geistig schaut und sich ihm im inneren Aufblick schenkt, vermag er auszusprechen:

»Siehe, ich schaue die Himmel geöffnet und den Sohn des Menschen stehen zur Rechten Gottes.« (Apg. 7, 56)

Das Verkünden des offenen Himmels und der erlebten und geschauten höheren Gegenwart des Menschensohnes führt zum Tumult. Seine Ankläger stürmen auf ihn ein, sie treiben ihn vor das Tor der Stadt Jerusalem und lassen ihn steinigen. In einer letzten Steigerung seiner geistigen Erfahrung bittet Stephanus:

»Herr Jesu, nimm meinen Geist auf.« (Apg. 7,58)

Wenige Wochen zuvor hatte der Vater seinen Sohn am Kreuz erhört und ihn in die geistige Welt aufgenommen, nun spricht der erste Mensch im Sterben die Bitte um Aufnahme seines Geistes in die Welt des Auferstandenen aus. Sein Beten zielt auf Kommunion, sein Hoffen auf Vereinigung des Menschengeistes mit dem Gotteswesen. Der Tod wird zum Tor, das sich im Sterben öffnet. Die Schwelle wird frei, und der Raum der geistigen Erfahrung des Jesus Christus erschließt sich durch Gnade. Kommunion ist jedoch nicht denkbar ohne Vergebung und Friede. Und während der Geist des Stephanus über die Schwelle in das Reich des Vaters tritt und den liebenden Sohn als seinen Herrn um Aufnahme seines Geistes bittet, fühlt er die Gegenwart der Steiniger und die Schuld der Täter, unter denen Saulus, der spätere Paulus, an verantwortlicher Stelle steht:

»Herr, rechne ihnen diese Sünde nicht zu.« (Apg. 7, 60)

Er vergibt seinen Peinigern, verzeiht ihnen ihre Tat und bittet den Herrn des Schicksals, ihnen die Sünde »nicht stehen« zu lassen.

In vier großen Schritten ereignet sich das Sterben des Stephanus. Sie sind dem Gang der Menschenweihehandlung, dem neuen Kultus, verwandt. Die Nähe und Erfahrung des Engels, mit der Möglichkeit, die Engelsbotschaft zu verkündigen, das Vollbringen des Opfers bis zur Hingabe des eigenen Lebens, die höhere Wandlung, die sich durch Öffnen der geistigen Welt und das Schauen Jesu Christi schenkt, bis zur Bitte um die Vereinigung des Menschengeistes mit Christus und die Vergebung den Schuldigern gegenüber: so vollzieht sich der sakramentale Stufengang des Sterbens. Das Neue Testament schildert das erste christliche Sterben und den ersten Märtyrer-Tod eines Christen. Sollte darin nicht etwas Urbildliches enthalten sein, das auf jedes Sterben und jeden Tod ein Licht werfen kann? Lebt ein Mensch so, daß er, wenn auch nur anfangsweise, zu einem Diener Christi, einem Diakon, wird – kann ihm dann nicht auch ein wenig der Sieg über das Sterben zuteil werden als einem »Sieger mit dem Kranz«, wie der Name des Stephanus heißt?

Wer an ein Sterbelager tritt, sollte die Nähe des Engels fühlen. Unwichtiges tritt zurück, Wesentliches zeigt sich, Achtung und Verehrung sind am Platze, das Leben in seiner Ganzheit erfüllt sich. Die Bestimmung des Menschen und seine geistigen Ziele können offenbar werden. Natürlich wird auch die Seite des Opfers erlebt: Krankheit, Wunden, Schmerz und Entbehrung bis zu Hunger und Durst verlangen viel von dem Patienten an Geduld und Verzicht. Wer Christus nachfolgt, wird auch sein Kreuz auf sich zu nehmen und zu tragen haben. Wer aber wach, mit offenem Herzen und einem Sinn für Geistiges das Verhalten und Sprechen Sterbender begleitet, dem werden auch Augenblicke zuteil, wo er Zeuge des »Siehe, ich schaue den Himmel geöffnet« in dieser oder anderer kleinen oder größeren Äußerungsform wird. Manches, was der materialistisch gesinnte Zeitgenosse als wirr oder gar als Spinnerei bezeichnet, enthüllt sich dem geistigen Verständnis als Zeichen des sich öffnenden Himmels. Wem das Schicksal die Gunst schenkt, bei dem Tode eines lieben Angehörigen unmittelbar dabei sein zu dürfen, der vermag manchmal sogar am Aufleuchten der Augen, an den Äußerungen des höchsten Staunens und der seelischen Erfülltheit die Spuren der Wahrnehmung des Christus aufzunehmen. Wenn der Geist des Menschen durch das Tor des Todes tritt, dann begegnet ihm der Herr über Leben und Tod. Wer dies glaubt und aus der Kraft des Glaubens das Leben beobachtet, wird die Bestätigung mannigfach finden können. Das Sterben und der Tod des Stephanus, welches Lukas, der Arzt, als Evangelist beschreibt, enthält damit Allgemeingültiges über das Sterben und den Tod, wenn es auch ein Ideal und Ziel enthält, das erst in der Zukunft wieder errungen werden kann.

Die Bestattung

Das Ritual der Bestattung wird in zwei Teilen zelebriert. Der erste Teil kann im Sterbehaus, am Aufbahrungsort, der Aufbahrungskapelle, in einem Heim oder Krankenhaus oder in der Friedhofskapelle gefeiert werden. Der zweite Teil wird entweder am offenen Grab bei einem Erdbegräbnis oder in der Halle des Krematoriums zelebriert.

Gemeinsam im kultischen Erscheinungsbild der Bestattung ist die Farbe der Passion und des Todes: das tiefe Schwarz. Über dem schwarzen Talar und der weißen Alba trägt der Priester die schwarze Stola, den schwarzen Gürtel und einen schwarzen Mantel.

Der erste Teil der Bestattung

Ist der Tote im Sterbehaus aufgebahrt, dann wird sich der Priester mit den beiden Ministranten zu einer vereinbarten Zeit, dic so spät wie möglich und unmittelbar vor dem Verlassen des Sterbehauses liegen sollte, in einem Nebenraum umkleiden und vorbereiten. Die nächsten Angehörigen versammeln sich am Sterbelager. Nach Möglichkeit brennen Kerzen auf Leuchtern, Blumen können auf den Toten gelegt werden; die entweichenden und sich auflösenden Lebenskräfte des Menschen verbinden sich auf natürliche Weise mit den Lebenskräften der Pflanzen.

Völlige Ruhe umgibt den Toten. In den Raum der Stille

tritt der handelnde Priester ein. Er nimmt nach Möglichkeit zu Füßen des Verstorbenen seinen Platz ein und zelebriert den kurzen ersten Teil des Rituals. Die ewige Seele hat sich auf ihre Wanderschaft begeben. Christus sagt von sich: »Ich bin der Weg...«, und so sind wir, wenn wir uns ihm verbinden, Wanderer zur geistigen Welt. Gott ist Geist. Der ewige Geist, der sowohl für den Toten als auch für die Gebetsgemeinschaft derer, die gemeinsam den Kultus vollbringen, anwesend ist, wird betend im Vaterunser angesprochen. Unsere Bitte, daß das Reich Gottes zu uns Menschen kommen möge, hat sich durch das Schicksal des Todes erfüllt, es ist uns ganz nahe. Der liebe Angehörige wird zum Bewohner dieses Reiches. Der Wille Gottes geschieht. Und wir Menschen sollten lernen, unser Meinen, Hoffen und Wollen in den göttlichen Willen zu ergeben. Den Tod anzuerkennen, anzunehmen und letztlich sogar zum Freund zu gewinnen, läßt den Willen Gottes auch auf Erden geschehen.

In seiner Rede auf dem Areopag in Athen hat Paulus ausgesprochen:

> »Fürwahr, er ist nicht ferne von einem jeglichen unter uns. Denn in ihm leben, weben und sind wir.«
> (Apg. 17, 27)

Paulus macht uns bewußt, daß der Mensch sein Sein und Leben in Gott hat. Zu Lebzeiten ist das oft verdeckt und verhüllt. Nach dem Tode eines Menschen wird diese Tatsache der betenden Gemeinschaft neu bewußt. Sie bittet durch die Worte des Rituals, daß auch die ewige Seele des Verstorbenen nun bewußt daran teilhaben möge. Dabei gehen die Anwesenden ein wenig mit über die Schwelle. Aus der Welt des Raumes und der Zeit mit allen seinen Begrenzungen ist der Geist des Verstorbenen in das Raum- und Zeitlose, in die Welt der Ewigkeit eingetreten. Die Gedanken der Gemeinde wenden sich ihm dort zu. Mit der Nennung seines Namens wird er als Persönlichkeit angesprochen, die individuell in der Welt des Geistes und der Seelen auch für die Zukunft ansprechbar bleibt.

Mit geweihtem Wasser aus dem Aspergil (von lateinisch aspergere – sprengen) wird der Leichnam besprengt. Lebenskräfte höherer Art, die von Christus stammen, umgeben und umhüllen das Sterbliche des Menschen.

Nach Abschluß des ersten Teiles des Bestattungsrituals ist es im allgemeinen richtig, wenn der Sarg geschlossen wird. Die Angehörigen werden gemeinsam mit dem Priester jeweils das Entsprechende vereinbaren. Kann der erste Teil der Bestattung nicht im Sterbezimmer oder am Aufbahrungsort gehalten werden, dann geht er am Grab oder im Krematorium dem zweiten Teil unmittelbar voraus.

Der zweite Teil der Bestattung

Im Vorbedenken seines Todes bestimmt ein Mensch, ob einmal die Bestattung in Form eines Begräbnisses oder einer Verbrennung im Krematorium stattfinden soll. Hat er dies nicht getan, dann sind die nächsten Angehörigen für diesen Entschluß verantwortlich. Etwa 3½ Tage nach dem Tode findet eine entsprechende Feier statt. Ist es ein Begräbnis, dann werden sich die Angehörigen und die Gemeinde im allgemeinen erst an der Friedhofskapelle zusammenfinden, wo der Sarg aufgebahrt ist. Dort findet dann der erste Teil des Bestattungsrituals, auch Aussegnung genannt, statt, falls sie noch nicht zu Hause gehalten worden ist. Die Trauergemeinde formiert sich zum letzten Geleit und zieht hinter dem Sarg zur Grabesstätte hin.

An das offene Grab sollten alle so nahe wie möglich herantreten. Zum Sprechen und Vollbringen des Rituals bedarf es der hörenden Gemeinde. Doch trägt das Wort unter freiem Himmel je nach Wetter nicht so wie im geschlossenen Raum. Den engsten Kreis bildet die Trauerfamilie. Der Priester mit den Ministranten wird zu Füßen des Grabes oder seitlich, je nach der Situation, stehen und handeln.

Wenn völlige Ruhe eingetreten ist, beginnt mit dem Zeichen des Kreuzes die Handlung. Im Namen der Heiligen Dreifaltigkeit wendet sich die betende Gemeinde dem Orte zu, an dem die ewige Seele jetzt weilt. Dies ist nicht die Stätte des Grabes. Als die Frauen am Ostersonntag-Morgen vor die Tore Jerusalems eilten, um das Grab aufzusuchen, war es leer. Sie schauten auf und hörten von dem Engel, daß der, den sie suchten, auferstanden sei und ihnen in die Lebenslandschaft Galiläa vorangehen würde.

Das Sterbliche wird am Ort des Grabes den Elementen übergeben. Das Unsterbliche eines Menschen erreichen wir nicht so sehr durch den Blick nach unten, sondern durch die bewußte Erhebung der Gedanken und Empfindungen zur geistigen Welt, die der Verstorbene nun betreten hat. Jesus Christus umgreift das Leben und den Tod. In ihm ist die Ganzheit des Lebens umspannt. In seiner ersten Duineser Elegie sagt Rainer Maria Rilke:

Aber Lebendige machen alle den Fehler, daß sie zu stark unterscheiden.
Engel (sagt man) wüßten oft nicht, ob sie unter Lebenden gehen oder Toten.
Die ewige Strömung reißt beide Bereiche aller Alter immer mit sich und übertönt sie in beiden.

Lernten wir Lebenden weniger stark zu unterscheiden, sondern mehr zusammenzufügen und synthetisch zu denken, dann könnten wir aus der Sicht der Ewigkeit und damit der Heimat Jesu Christi beide Bereiche, das Leben und den Tod, als Ganzes und als innere Einheit sehen. Auch wenn der Unterschied bleibt: »Denn was sichtbar ist, das ist zeitlich, was aber unsichtbar ist, das ist ewig.« (2. Kor. 4, 18)

In das Ritual kann eine Ansprache einbezogen werden. Je älter ein Mensch geworden ist, je umfassender und reicher sein Leben war, desto größer wird auch das Schicksalsnetz der mit ihm verbundenen Menschen sein. Das Anschauen eines Lebensbildes kann hilfreich sein. Nicht daß eine vollständige Biographie oder auch nur alle wichtigen Lebensdaten aufgezeigt werden könnten, aber charakteristische Züge dieser Persönlichkeit, Erlebnisse und Erfahrungen, die die Einmaligkeit dieser Individualität kennzeichnen, können in eine kurze Predigt einbezogen sein. Manchmal gibt es auch eine Gelegenheit, verborgene Erfahrungen mitzuteilen, über die sonst nicht gesprochen wird. Sie wird immer auch Verkündigung sein, denn der Größte aller Verstorbenen, Jesus Christus, ist zugleich der Größte aller Lebenden und geht als der Erstgeborene der Toten den Seelen voran.

Das Beten des Vaterunsers leitet über zu dem folgenden Teil, in dem die Gedanken der Anwesenden der ewigen Seele in das Reich zu folgen suchen, das sie schon zu Lebzeiten heimatlich empfunden hat.

Der Sarg wird mit geweihtem Wasser besprengt. Wieder benetzt das lebentragende Element das Tote. Eine Umräucherung des Sarges und des Grabes folgt; aufsteigender Weihrauch ist in seiner nach oben strebenden Wolkenbildung, die auf feuriger Glut entfacht wird, kultisches Bild und Träger der mit dem Worte aufsteigenden Gebete, die aus Menschenherzen sich dem Ritual vereinen.

Ein memento mori – Gedenken des Todes – folgt. Alle Umstehenden werden sich bewußt, daß unser Leben verpflichtenden Charakter hat. In tieferem Sinn wird es vor Gott gelebt und ist eines Tages vor ihm zu verantworten.

Die Feier endet. Am Anfang und am Schluß kann Musik ertönen, die aber auf keinen Fall mechanisch übertragen werden sollte. Der Charakter der Musik, die die Angehörigen in Absprache mit dem Priester wählen, darf durchaus auch ein freudiges und österliches Element einschließen.

Jede Friedhofsordnung sieht für eine Bestattung eine ganz bestimmte Zeit vor. Davor und danach finden weitere Bestattungen statt. Der Pfarrer ist für die Durchführung und das Einhalten der Zeit verantwortlich. So sollte nichts Zusätzliches geschehen, das nicht rechtzeitig vorher mit ihm abgesprochen und vereinbart ist. Wenn ein freimütiges Wort erlaubt ist: Ist der Verstorbene eine weit bekannte Persönlichkeit, dann wird es sinnvoll sein, zusätzlich eine eigene Gedenkfeier zu veranstalten, bei der aus verschiedenen Bereichen seiner Tätigkeit erzählt wird und vielseitige Erfahrungsbilder zuammengetragen werden.

Im Anschluß an das Ritual sollte, wenn irgend möglich, nichts Weiteres folgen. Wer es mit offener Seele, wachem Geist und hingebungsvollem Herzen hört, wird wissen, daß alles gesagt ist, was angesichts des Todes gesagt werden kann. Das Ritual entstammt der geistigen Welt, es spricht für den Menschen aus, was von Gott her zum Schwellenübergang gesagt wird. Im allgemeinen ist ein Mehr danach ein Weniger. Darüber hinaus ist das Maß dessen, was Angehörige in einer schmerzlichen Stunde aufnehmen können, durch den Trost erfüllt, den das zelebrierte Ritual in objektiver Weise schenkt.

Von formell vollzogenen Kranzniederlegungen wird eine zukünftige Kultur im Umkreis des Todes ebenfalls abkommen. Ein Kranz als Bild und Zeichen gerundeten Lebens gehört zum Sarg dazu. Aber nimmt nicht die übliche Fülle das eindeutige Bild? Mehr und mehr bürgert sich die gute Sitte ein, anstelle von Kranzspenden eine soziale oder caritative Einrichtung zu fördern. Taten der Liebe und Taten der Hilfe sind aus der Sicht des Verstorbenen sinnvoller und fruchtbarer. Sie dienen in seinem Namen dem Leben.

Die Totenweihehandlung

An einem Samstag nach der vollzogenen Bestattung findet die Menschenweihehandlung für den Verstorbenen statt. Sie setzt voraus, daß sie ihm vertraut war. Während das Sakrament der Ölung mehr auf den einzelnen Menschen zielt und die Bestattungsfeier ganz weiten öffentlichen Charakter und Umkreis hat, mündet die Weihehandlung wieder in die Mitte der Gemeinde ein. Die Gemeinde hat ja ihrerseits alle die Mittel und Möglichkeiten zur Verfügung gestellt, die eine würdige und geistig wahre Beisetzung ermöglichten.

Die Totenweihehandlung findet im Weiheraum der Kirche statt. Die Zeit wird frei vereinbart. Doch ist es immer der Vormittag des Samstags. Warum?

Am Samstag endet die Woche. In Anknüpfung an den Schöpfungsbericht der Bibel hat er im Rhythmus der Wochentage somit Endcharakter, wie der Sonntag den Anfang der Woche bildet. Am siebenten Tag (Zeitenkreis) vollendete Gott sein Schöpfungswerk.

»Und ruhete aus am siebenten Tag von allen seinen Werken, die er gemacht hatte. Und Gott segnete den siebenten Tag und heiligte ihn, weil er an ihm ruhte von allen seinen Werken...« (1. Mos. 2, 2. 3)

Der Samstag hat als Sabbat schon alttestamentlich eine dreifache Qualität: er ist der Tag der Ruhe, der Tag des Segens und der Tag der Heiligung. Im Erdenleben Jesu

Christi fügt es sich sinnvoll so, daß der Samstag der Tag seiner Grabesruhe, aber auch der Hadesfahrt zwischen dem Karfreitag, der Kreuzigung, und dem Ostersonntag, der Auferstehung, wurde. In diesem Zwischenraum stand Christus den Seelen der Verstorbenen bei. Die russische Ikone der Höllenfahrt Christi zeigt den sieghaft strahlenden Christus, der das aufbrechende Tor der Unterwelt unter seine Füße tritt und seine rechte Hand Adam und Eva als den ersten gefallenen und damit sterblich gewordenen Menschen erlösend entgegenhält. Er führt sie aus der Unterwelt heraus in seine Überwelt.

Ende eines Zeitenkreises, Ruhe, Segnung, Heilung, Tag der Grabesruhe Jesu Christi und erlösende Tat den verstorbenen Seelen gegenüber charakterisieren die Qualität des Sonnabends.

Zur Totenweihehandlung erscheint der Altar schwarz. Die kultischen Gewänder der Ministranten und des Priesters sind, verbunden mit der weißen Alba und den weißen Chorhemden, ebenfalls schwarz. Einmal im christlichen Jahr zur vierwöchigen Passionszeit, die in der Karwoche, der Woche der Trauer endet, schaut die Gemeinde auf das Schwarz. Die sinnlich-sittliche Wirkung dieser Farbe erweckt durch das Auge in der Seele die Empfindungen, die wir mit Finsternis, Schmerz, Sterben und Tod zunächst verbinden. Im Schwarzen wird gleichsam die eine Seite des Todes deutlich, die uns Schmerz, Verlust, Abschied und Trennung fühlen läßt.

Die Angehörigen nehmen nach Möglichkeit vorn Platz. Die übrige Gemeinde wird taktvoll den Raum für die zunächst betroffenen Menschen freigeben.

Das Evangelium, welches zur Totenweihehandlung verkündet wird, ist ungewöhnlich. Die Perikopenordnung, die das Jahr über Sonntag für Sonntag und Festzeit für Festzeit die Folge der Evangelien regelt, gibt Markus 16 an. Durch jenes Evangelium offenbart sich die andere Seite des Todes, die mit dem Blick auf die Auferstehung das Todüberwindende und auch Österlich-Freudige erlebbar macht.

Maria Magdalena, Maria, die Mutter des Jakobus, und Salome machen sich in der Morgenfrühe des ersten Tages der Woche – bei den Juden der erste Arbeitstag nach dem Sabbat, aus dem nun der Anfangstag der christlichen Woche wird – auf und gehen hinaus vor die Mauern der Stadt. Die Kreuzigung liegt hinter ihnen, die Stille des Karsamstages ist vorüber, und nun schicken sie sich an, eine Salbung zu vollziehen. Das heilige Grab ist ihr Ziel. Und da die Gräber der Vornehmen, wie das des Joseph von Arimathia und wie z. B. heute noch die herodianischen Gräber in Jerusalem, mit einem schweren und großen Rundstein verschlossen sind, bewegt sie die Frage: »Wer wälzt uns den Stein von des Grabes Tür?« Das Evangelium schildert Ereignisse, die zugleich Bilder für innere Vorgänge sind. Auf jedem Grab lastet die Schwere. »Schwer« wird es uns, einen lieben Menschen zu verlieren, ihn nicht mehr zu sehen, nicht mehr zu sprechen, nicht mehr gegenwärtig zu fühlen. Wenn der Tod für uns heutige das Ende ist, wenn mit dem Versenken des Leichnams in das Grab unwiderruflich das einmalig gedachte Erdenleben zu Ende ist, dann ist es mit lastender Schwere für immer geschlossen.

Doch das Grab Jesu hat eine Tür. Durch die offene Tür gehen die Frauen in das Innere des Grabes. Der tiefe Schmerz und die unsagbare Trauer, die sie durch den Tod ihres Herrn und Meisters empfinden, hat ihre Seelen empfindsamer werden lassen für die himmlische Welt. Sie erheben die Augen der Seele und schauen den Engel in der Gestalt eines weißgewandeten Jünglings und entsetzen sich. Denn das Hereinbrechen der anderen Welt erregt Furcht in den Erdenmenschen. »Ein jeder Engel ist schrecklich«, sagt Rilke in der ersten Duineser Elegie, schrecken-erregend. Das Bild des Evangeliums geht über in eine inspirative Schicht. Die Frauen hören, wie der Engel spricht:

»Ihr suchet Jesus von Nazareth, den Gekreuzigten. Er ist auferstanden. Er ist nicht hier. Siehe da die Stätte, wo sie ihn hinlegten. Gehet aber hin und saget seinen Jüngern und Petrus, daß er vor euch hingehen wird nach Galiläa. Da werdet ihr ihn schauen, wie er es euch vorher gesagt hat!« (Mk. 16, 6.7)

Der Mensch sieht das Grab und sucht einen Leichnam. Der Engel schaut den Auferstandenen und sieht das Leben. Er verkündet zum ersten Mal das Osterereignis als österliches Evangelium: »Er ist auferstanden und ist nicht hier«. Ja, er wird sich sogar in der Zukunft zeigen, Menschen werden berufen sein, wenn sie sich der Landschaft des Lebens, Galiläa, zuwenden und ihn nicht an der Stätte des Todes und Grabes allein suchen, ihn zu schauen.

Das Osterevangelium ist das große Bild und die Schilderung der Auferstehung. Jesus Christus hat den Tod überwunden. Durch ihn sind das Sterben und der Tod grundsätzlich anders geworden. Menschen, die von nun an in Christus sterben, vermögen ihr Unsterbliches hinüberzunehmen in die Landschaft des Geistes. Ja, werden sie in der Seele in der Gegenwart sensibler und behutsamer angesichts der Schmerzen im Umkreis des Todes, dann mögen auch Ahnungen, erste Eindrücke oder unmittelbare Erfahrungen von verstorbenen Seelen eintreten. Sie können geschaut werden und erweisen sich dann als lebend. Das mag im Traum, das mag im Wachen geschehen. Und das erste, was wir der lastenden Schwere der Welt der Toten entringen müssen, ist, sie lebendig zu denken, sie fühlen zu lernen unter dem Gesichtspunkt des zur Seite gewälzten Steines. Die Tür ist heute offen, der Zugang möglich. Und vielfach ist es gerade der tiefe Schmerz, der für die Botschaft aus der Welt der Verstorbenen hellhörig macht.

Der am 23. April 1945 hingerichtete Albrecht Haushofer spricht in seinen Moabiter Sonetten manche seiner Erfahrungen mit den Toten aus:

Kami

Vor vielen Gräbern hätt ich mich zu neigen,
um nach des fernen Ostens tiefem Brauch
noch Dank zu sagen, eh der eigne Hauch
hinüberweht – nun muß ich's aus dem Schweigen

der Zelle tun. Die Seele loszubinden
von aller Umwelt habe ich längst gelernt,
sie lenken, wenn sie suchend sich entfernt. –
Die Toten helfen ihr, die Bahn zu finden.

Die Toten wissen die besondren Zeichen:
Sie bleiben stumm für Seelen, die begehren,
und stumm für Seelen, die noch nicht verehren –

doch lassen sich die Toten gern erreichen,
wenn man, befreit von aller Wünsche Weben,
nur kommt, um ihnen Lebensdank zu geben.

Wer einen Verstorbenen nur zurückbegehrt und wessen Seele noch nicht in Andacht und Verehrung für die Wesen der übersinnlichen Welt geübt ist, für den werden Tote, wie Haushofer sagt, stumm bleiben. Doch sie lassen sich gern erreichen, wenn der Anlaß, ihrer zu gedenken, ein Dank für ihr Dasein, ein Dank für ihr Leben ist und die Seele sich darin übt, in Hingabe die Zukunftsschritte helfend zu begleiten.

Der Passionscharakter der Menschenweihehandlung und der Ostercharakter des Evangeliums in ihr stellen das Doppelantlitz des Todes vor die Gemeinde hin. Dadurch werden sich neue Empfindungen in den Seelen einleben. Sie werden, wie die Frauen beim Gang an das Grab, die Botschaft von der bleibenden Gegenwart der Seelen der Verstorbenen von Jahrzehnt zu Jahrzehnt stärker aufnehmen. Die Totenweihehandlung bildet damit den Anfang des Zusammenlebens mit den Verstorbenen. Sie schließt jedesmal diese Seelen mit ein. Jeder, der an der Weihehandlung teilnimmt, kann das Allgemeine der Zuwendung und des Einbeziehens der verstorbenen Seelen individualisieren, indem er ein eigenes Gedenken und eine eigene innere Anrufung vollzieht.

Die Weihehandung mündet in die Kommunion. Angehörige sowie diejenigen der Gemeinde, die mit einer Menschenseele eng verbunden waren, können sie bei dieser Gelegenheit empfangen. Leib und Blut Christi, vor seinem Hingang als Zeichen des neuen Bundes gestiftet, verbinden mit der Welt, in der die Seele jetzt weilt.

Nach der vollzogenen Totenweihehandlung und vor ihrem Abschluß mit dem Zeitengebet wird ein besonderes dreigegliedertes Gebet verrichtet. Zuerst wendet sich das Gebet an Christus. Der Tod ist der große Bruder des Schlafes. Wir sprechen von einem Gestorbenen als von einem Entschlafenen. Der Tod ist aber auch ein Erwachen für das Licht der anderen Welt.

»Wache auf, der du schläfst,
und stehe auf von den Toten,
so wird dich Christus erleuchten«,

sagt Paulus im Epheser-Brief (Eph. 5,14).

Christus hilft beim Erwachen der Seele, wenn sie aus dem Todesschlaf für den Geistestag erwacht. Alle Gedanken, die mit dem verstorbenen Menschen verbunden sind, vereinen sich in der Weihehandlung und werden damit wie auf einer goldenen Brücke Christus zugedacht. Christus ist aber auch der Seelenführer, der die erwachende Seele begleitet und geleitet. Im Zeitalter der Freiheit setzt dies den eigenen Entschluß und die Anerkennung dieser Führung voraus.

Im zweiten Teil betet die Gemeinde für die Seele des Verstorbenen zum Vatergott. Damit wird eine echte Fürbitte in Gemeinsamkeit vollzogen.

Wieder sei an eine Ikone, ein russisches Kultbild, erinnert. Auf ihr ist das Entschlafen der Maria dargestellt. Während der Leichnam gebettet ist und die Jünger die Räucherung und Aussegnung vollziehen, steht Christus aufrecht über dem horizontal liegenden Leib. Er streckt seine rechte Hand der Maria entgegen, in der er ihre Seele birgt und hinüberträgt in das Reich der himmlischen Hierarchien. Der Tod ist zum Tor geworden. Das Licht des Auferstandenen erweckt und trägt das Ewige der Maria. Damit kommt urbildhaft etwas zum Ausdruck, was jenseits der Schwelle des Todes geschieht und was die Gemeinde in dem dritten Teil des Totengebetes erbittet, daß Christus diese Seele aufnehmen möge und in sein Reich hinübergeleite.

Das Totengebet innerhalb der Totenweihehandlung bildet den Anfang des Betens mit und für Verstorbene.

Vom Leben nach dem Tode

»Ich erwarte den Tod jederzeit. Ich bin bereit. Ich habe keine Angst vor der letzten Klappe. Die Geburt und der Tod sind das Natürlichste auf dieser Welt. Ich glaube nicht, daß mit dem Tod alles aus ist. Kein Schöpfer wäre so verschwenderisch. Wir verlassen die Erde. Aber wir kommen wieder...«[16] Diese Äußerung des Schauspielers Heinz Rühmann in einem Interview drückt die Erfahrungen vieler Menschen im Umkreis des Todes und im Berühren der Sphäre des Nachtodlichen aus, die längst schon über das hinausgewachsen sind, was weithin noch geltende naturwissenschaftliche oder theologische Anschauung ist.

Das Neue Testament kennt mit der Perikope vom Reichen Mann und dem Armen Lazarus ein eindeutiges Zeugnis davon. (Luk. 16, 19ff.) Lukas beschreibt hier in wenigen Sätzen des Leben eines namenlosen Reichen und das des armen Lazarus. Überfluß und Hunger, Lebensfreude und Krankheit, Lebenslust und bittere Entbehrung stehen einander gegenüber. Dann tritt der Tod ein. Der Arme wird von Engeln in die geistige Welt emporgetragen, der Reiche begraben. Die Bildsprache des Evangeliums schließt eine Gebärde nach oben und nach unten ein. Die Umkehrung der Verhältnisse ergibt sich. In der Totenwelt (Luk. 16, 23) erwartet den Reichen maßlose Qual, ein

16 Heinz Rühmann: Das Goldene Blatt, Nr. 50, 4. 12. 1985

Feuerzustand, den er als brennend und peinigend erlebt. Das Leben nach dem Tode wird so beschrieben, daß die inneren Zustände, die eine Seele durchlebt und durchleidet, Folgen ihres Verhaltens und ihrer Taten auf Erden sind.

Einfache Lebenserfahrungen können die nachtodliche Erfahrung einsichtig werden lassen. Wir fühlen zum Beispiel »brennenden Durst«. Wir können diesen Durst des Leibes befriedigen, indem wir trinken. Wir löschen ihn. Gewöhnen wir uns »das Trinken« an, so wird das Brennen immer größer. Zum Stillen dieses Durstes muß immer mehr eingesetzt werden. Wird der Leib durch den Tod abgelegt, dann bleibt der seelische Zustand der Entbehrung und des brennenden Durstes fortbestehen, die Möglichkeit, den Durst zu stillen, ist aber genommen. Der seelische Zustand der »brennenden Entbehrung« währt solange, bis die Seele von diesem Begehren gereinigt und geläutert ist. Östliche Weisheit hat diesen Zustand Kamaloka – Ort der Begierdeglut – genannt. Im Christentum spricht man vom Fegefeuer. Dabei ist es wichtig, das Bild des Fegens und Reinigens, der Läuterung und der Katharsis, vor allem im Auge zu haben. Denn der Zustand, der im Bilde des Feuers (Luk. 16, 24) bezeichnet ist, währt solange, bis alle Sehnsucht und alles Begehren, das nur im und durch den Leib auf Erden befriedigt werden kann, gelöscht und geläutert ist. Lange wurde das Fegefeuer als Strafe oder gar als Verurteilung gedacht. Man empfinde jedoch, wie es Ausdruck der göttlichen Gerechtigkeit ist, die der Seele die Möglichkeit gibt, das Unbereinigte im Erdenleben nach dem Tode zu bereinigen. Seele und Geist werden frei und vermögen damit in die Nähe des Lichtes Christi zu gelangen.

Daß Lazarus mit Namen, im Unterschied zum namenlosen »Reichen«, zu Lebzeiten und nach dem Tode auftritt, weist auf den Fortbestand des Ichs hin. Sein Name bedeutet »Gott ist Helfer«, »Gotthilf«. Das wirkliche Ich und damit der Kern der Persönlichkeit des Menschen existiert über den Tod hinaus. Sein Ich ist mit dem göttlichen »Ich-Bin« verbunden; Gott hilft diesem Ich. Der Name ist eingeschrieben in das Buch des Lebens. Dies macht es möglich, daß wir auch Verstorbene individuell, also ganz »persönlich«, erleben und erfahren.

Beten für und mit den Verstorbenen

Mehr und mehr wird zu einer christlichen Seelenkultur die Ausweitung des Betens vom allzu Persönlichen zum Überpersönlichen hin gehören. Schon die ersten zwei Worte des Vaterunsers belehren uns in doppelter Hinsicht. Wenn wir den geistigen Urgrund der sichtbaren und unsichtbaren Welt, also die Gottheit des Vaters, ansprechen, dann setzt dies ja voraus, daß wir uns als Menschen ihm verwandt fühlen, von ihm abstammen und uns als Gottes Kinder erleben. Wir müssen also lernen, die Herkunft nicht nur auf dem Wege der Zeugung und Embryonalentwicklung, des Blutes und der Vererbung, zu sehen und zu denken. Für den Christen tritt zu dieser leiblichen Geburt noch die Geburt von oben her, die das Johannes-Evangelium im Gespräch Jesu mit Nikodemus schildert (Joh. 3). Aus Über-Zeugung können wir Gottes Kinder werden und damit das allmächtige Gotteswesen als Vater ansprechen. Zum anderen bin ich durch diese Tatsache mit all den Seelen geschwisterlich verbunden, die auch so denken und handeln. Man kann nicht für sich allein Christ sein wollen. Das Christsein verbindet aus sich selbst heraus mit der Christenheit. Das zweite Wort, »unser«, nach dem Worte Vater nennt diese Seelengemeinschaft und umgreift sie; aus ihr steigt das Gebet zur Gottheit, dem Vater, auf.

Das Vaterunser ist immer Gemeinschaftsgebet, selbst dann, wenn wir es nicht beim gemeinsam vollbrachten

Kultus sprechen und hören, sondern es allein in unserer Kammer beten. So schließt dieses Wort »unser« aber auch die Seelen ein, die uns vorangegangen sind und ihrerseits Anbetung vollziehen. Vor Gott ist der Unterschied, ob lebend hier oder lebend drüben, weniger wichtig als für unser menschliches Bewußtsein. Im Vaterunser begegnen sich Lebende und Verstorbene. Das Bekenntnis, »der du bist in den Himmeln«, sagt aus, daß über den Seinsstufen des Mineralisch-Toten, Biologisch-Lebendigen, Psychisch-Beseelten und Personhaft-Geistigen weitere Reiche der Himmel folgen. Wir bitten sogar darum, daß das Reich Gottes zu uns Menschen komme. Wohin? Zu den Betenden, mitten in die Herzen der Menschen herein. Damit sind aber auch die Toten nahe. Und weil sie nahe sind und das Reich des Geistes zu uns Menschen kommt, ist uns ein Beten mit den Verstorbenen möglich.

In seinem Buch »Das Gebet – Übung und Erfahrung« führt Hans-Werner Schroeder Grundlegendes und Zeitgemäßes zum Gebet aus.[17] Hier darf darauf verwiesen werden. Ein Kapitel ist auch dem Thema des Vaterunsers für Verstorbene gewidmet. Darüber hinaus hat Christus im Zusammenhang mit der Stiftung des Vaterunsers selbst eine Gebetsanweisung gegeben. Sie steht mitten in der Bergpredigt bei Matthäus 6, 5–8. Dabei sind als Gesichtspunkte zu finden: Das Gebet als freie Tat des Menschen – »Wenn du aber betest« –, das zeitweise Zurückziehen in den Innenraum – »So gehe in deine Kammer« –, das

17 Hans-Werner Schroeder: Das Gebet – Übung und Erfahrung, Stuttgart 1982, insbesondere S. 81ff.

Schließen der Tore zur Sinneswelt, Augen, Ohren, und Ineinanderlegen und Falten der Hände – »Und schließe die Türe zu« – und das Beten zu dem Vater, der im Verborgenen, im Okkulten, im Bereich des Mysteriums, in der Welt des Unsichtbaren wohnt.

Schließen wir einen Verstorbenen in unser Gebet ein, dann treten wir erst leiblich und seelisch voll in den Raum der Stille ein, bis wir sie ganz dicht und beinahe substantiell spüren. Dann erinnern wir uns. In der Erinnerung sollte ein Bild des Verstorbenen in der Seele so erweckt werden, daß es ganz anschaulich, farbig und lebensnah ist. Dabei kann auf Züge geachtet werden, die unscheinbar, aber für das Wesen und die Einmaligkeit dieser Persönlichkeit ganz charakteristisch waren: eine besondere Geste, eine sprachliche Besonderheit, eine Sprachfärbung durch Dialekt, eine bestimmte Art zu gehen, die Fersen aufzusetzen und ähnliches. Je lebensnaher dieses Erinnerungsbild ist, je wacher die Seele dieses Bild als Brücke zum Wesen des anderen innerlich baut, um so eher kann sich der Stimmungsraum bilden, der das Nahen der gesuchten Seele erlaubt. Wenn sich dabei jedes egoistische Zurückhabenwollen und jedes persönliche Sehnen und Entbehren allmählich verwandelt in Dankbarkeit und Hingabe für den anderen, wird es gut sein. Dem eigenen Schicksal wie dem Schicksal der Verstorbenen gegenüber ist es das Letzte und Höchste, in ihm den Ausdruck des Gotteswillens anzuerkennen. Selbst dem Tod gegenüber gilt die Bitte »Dein Wille geschehe« nicht nur »oben in den Himmeln«, sondern auch hier bei uns Menschen »auf Erden«.

Das Vaterunser ist das wesentliche Gebet für Verstorbene. Es ist durch nichts zu ersetzen. Wer darüber hinaus Texte aus dem Spruchgut Rudolf Steiners sucht, der durch seine Geisteswissenschaft viel über den Tod und das Leben nach dem Tode ausgeführt hat, der sei auf das Buch »Unsere Toten« verwiesen.[18]

Das Beten mit und für die Verstorbenen ist aber nicht nur dem einzelnen möglich. Eine gute und wirksame Weise ist das rhythmisch regelmäßige Mitbeten der Menschenweihehandlung in der Gemeinschaft, in der sich aus der Hingabekraft und Offenheit vieler Seelen der Erfahrungsraum verdichtet und somit ein Nahe-Sein der Geister und Seelen leichter ermöglicht. Wer zur Weihehandlung geht und sich am Vorabend in einer inneren Sammlung bewußt-gemacht hat, daß er für die Seele eines Verstorbenen beten will, der wird besonders empfinden, daß der Altar eine Grabesstätte ist. Von dieser Grabesstätte aus werden die Speise und der Trank bereitet und gereicht, die für das ewige Leben bis in die Leiblichkeit hinein, die einmal auferstehen soll, wirken. Sterblichkeit und Unsterblichkeit, Grab und höheres Leben verbinden sich mit dem Altar. Die Weihehandlung selbst leitet in das Nachtodliche. Sie macht uns zu Lebzeiten bewußt und erfahrbar, was sonst erst nach dem Tode erlebt werden kann.

Der Seelsorger darf bestätigen, daß er viele Zeugnisse von Menschen kennt, die in der Weihehandlung verstorbene Seelen erleben. Er kennt sogar Menschen, die das Beten für die Verstorbenen als entscheidendes Motiv zum Mitvollbringen der Weihehandlung sehen.

18 Rudolf Steiner: Unsere Toten, GA 261

Am 4. Januar 1939 schreibt Hermann Hesse in einem Brief:

»Die Dahingegangenen bleiben in dem Wesentlichen, womit sie auf uns gewirkt haben, mit uns lebendig, solange wir selber leben. Manchmal können wir sogar mit ihnen besser sprechen, uns besser mit ihnen beraten und uns Rat von ihnen holen, als von Lebenden.«[19]

19 Hermann Hesse: Gesammelte Briefe, Bd. 3, Frankfurt a.M. 1982, S. 109

Die unsichtbare Gemeinde

In der Offenbarung des Johannes wird im sechsten Kapitel die Öffnung der Siegel geschildert. Als sich das fünfte Siegel löst, »sah ich unten am Altar die Seelen derer, die getötet waren um des Wortes Gottes und um ihres Zeugnisses willen.« (Apk. 6, 9)

Das Bild des Altars als Ort der verstorbenen Seelen, das hier der Seher Johannes schaut, gehört zu den großen Bildern des Neuen Testamentes. Er hatte auch die Stimme aus der geistigen Welt gehört, die sagt: »Selig sind die Toten, die in dem Herrn sterben von nun an.« Dies ist eine der Seligpreisungen im Neuen Testament. Sie wird denen zuteil, deren Sterben ein Sterben in Christus ist und deren Leben das Bekenntnis zu ihm einschließt. »Denn ihre Werke folgen ihnen nach«. (Apk. 14, 13)

Zum Bewußtsein einer sich versammelnden und im gemeinsamen Hören und Vollbringen der Weihehandlung sich verbindenden Gemeinde gehört das Wissen von der unsichtbaren Gemeinde. Zu dieser gehören diejenigen Seelen, die uns vorangegangen sind und die eine innere Lebensbeziehung zu Christus suchten. Die Menschenweihehandlung sagt sogar aus, daß von ihnen eine Kraft ausgeht, die für uns Hiesige behütenden und beschützenden Charakter hat. Ihre Nähe kann, wie es die Menschen im Mittelalter von den Heiligen erlebten, helfende Wirkung haben.

In den Gemeinden hat man begonnen, Gedenkfeiern für ihre Verstorbenen zu halten. Bei diesen Feiern werden die Gedanken auf das Leben und Wirken der Vorangegangenen gelenkt. Auch liegen vielfach in den Sakristeien Bücher auf, in denen die Gedenktage der Verstorbenen eingetragen sind. Dadurch kann der zelebrierende Priester das Gedenken an eine Seele als Intention in das Zelebrieren der Weihehandlung mit einbeziehen.

Das, was sich in einer Gemeinde durch ihren unsichtbaren Teil als Substanz bildet, beschreibt C. F. Meyer in seinem Gedicht

Chor der Toten

Wir Toten, wir Toten sind größere Heere
Als ihr auf der Erde, als ihr auf dem Meere!
Wir pflügten das Feld mit geduldigen Taten,
Ihr schwinget die Sicheln und schneidet die Saaten,
Und was wir vollendet und was wir begonnen,
Das füllt noch dort oben die rauschenden Bronnen,
Und all unser Lieben und Hassen und Hadern,
Das klopft noch dort oben in sterblichen Adern,
Und was wir an gültigen Sätzen gefunden,
Dran bleibt aller irdische Wandel gebunden,
Und unsere Töne, Gebilde, Gedichte
Erkämpfen den Lorbeer im strahlenden Lichte,
Wir suchen noch immer die menschlichen Ziele –
Drum ehret und opfert! Denn unser sind viele!

Die Anbetung und das Opfer, welche die Mitte des Gemeindelebens bilden, sind dann aus der Sicht dieser vielen Verstorbenen das Sinnvolle und Notwendige. Das würdige und stetige Vollbringen der Menschenweihehandlung ist damit auch für die unsichtbare Gemeinde das Entscheidende.

Wie nach dem Tode das Wort Jesu Christi eine Leiblichkeit bildet, die für die ewige Seele bedeutungsvoll ist, hat Ina Seidel in einem 1938 entstandenen Gedicht zum Ausdruck gebracht.

Zum Tod

Wenn die Sichel trifft,
wenn der Leib zerfällt,
ist es nur die Schrift,
die zusammenhält.

Was ich von dir weiß,
Herr Jesu Christ,
der Seele Speis
und Trank dann ist.

Dein heilig Wort
ist dann der Leib,
drin ich hinfort
unsterblich bleib.

Je mehr das religiöse Leben als Aufgabe, Hingabe, Dienst und Opfer gesehen und gelebt wird, um so objektiver und selbstloser wird es. Egoismus ist ein Feind echter Religiosität. Empfindet eine Gemeinde das, was sie durch die Sakramente vollbringt, als Aufgabe und Gottes-Dienst, dann wird ihre Seele christlicher.

Überdies wird von den Toten unverbrauchte Kraft und nicht ausgelebte Impulsivität den Lebenden zukommen können. Diese werden mehr verstehen und mehr leisten, wenn sie lernen entgegenzunehmen, was von diesen Seelen kommt. Die unsichtbare Gemeinde ist ein verborgener Kraftquell für die sichtbare.

Frühverstorbene Kinder

– Das Kinderbegräbnis –

Der tief bewegende Tod eines Kindes hat ein ganz anderes Gesicht als der Tod eines Erwachsenen. Das Lebensalter spielt eine große Rolle und hat wesentlichen Einfluß auf die Art des Sterbens. Der entscheidende Einschnitt erfolgt dabei zur Zeit der Erdenreife.

Das Kind ist substantiell anders als der erdenreif gewordene Mensch. Wir sprechen heute von der Pubertät und denken dabei an die wichtigen Vorgänge der Sexualreife. Daß dieses Wort ursprünglich »Knabenreife« hieß, haben wir leider schon längst vergessen. Aber nicht nur der Leib macht in seiner Entwicklung vom Kind zum jungen Mann, zu der jungen Frau eine entscheidende Verwandlung durch; der Atemrhythmus verändert sich – man lausche über einer Wiege dem Atem eines kleinen Kindes und höre den Atem eines Jugendlichen im Schlaf – und die Stimme »bricht«; auch das Bewußtsein verändert sich. Lebt das Kind mehr im Bild und hat zum Evangelium, den Märchen, den Mythen und Legenden einen unmittelbaren Wahrheitsbezug, so werden nun die Verstandeskräfte frei. Ratio tritt an die Stelle des Bildes. In keinem Lebensalter ist die Schwelle zum folgenden so hoch wie bei dem Schritt von der Kindheit zur Jugend.[20]

Wenn man in die Menschenkunde das Vorgeburtliche

20 Siehe dazu Johannes Lenz: Die Konfirmation, Von der Kindheit zur Jugend, Stuttgart 1984

mit einbezieht, wie das dem Sakrament der Taufe entspricht, dann wird erst deutlich, was das Wesen des Kindes ausmacht. In ihm wirken die Kräfte der vorgeburtlichen Welt nach. Aus ihnen wächst mit fortschreitendem Alter das Kind langsam heraus. Erst im Reifealter kommt es leiblich, seelisch und intellektuell ganz auf der Erde an. Der Zauber des Kindes liegt gerade darin, daß es noch nicht ganz von dieser Welt ist. Tritt der Tod an ein Kind heran, so ist das noch ein wesentlich anderer Vorgang als beim Erwachsenen; stärker noch hat er den Charakter einer großen Metamorphose.

Drei Beispiele seien genannt:

Etwa acht Tage vor seinem Tod, der sich durch nichts ankündigte, umarmt abends nach dem Abendgebet ein Knabe seine Mutter und sagt zu ihr: »Mutter, sei nicht traurig, ich gehe zurück in die Welt, aus der ich komme.« In den nächsten Tagen erkrankte das Kind und starb.

Der Chirurg Professor Killian erinnert sich in seinem Buch »Hinter uns steht nur der Herrgott!«: »Neulich ist hier im Nachbardorf ein kleiner Junge von einem Flaksplitter getroffen worden. Er wurde sterbend ins Krankenhaus gebracht. Seine Mutter – er war ihr einziges Kind – kam laut schreiend an und brach an seinem Bett zusammen. Da sagte dieses zehnjährige Bübchen: ›Warum weinst du denn, Mutti? Ich komme doch in den Himmel. Das hast du mir doch selber gesagt!‹«

Bei einem frühvollendeten Jungen, der mit etwa 15 Jahren auf dem Fahrrad tödlich verunglückte, fanden die Angehörigen eine Reihe von Dichtungen, sogar den Entwurf zu einem Drama und eine Biographie, deren Titel »Ich«

hieß. Er hatte sich als Ausdruck seiner Empfindungen »Anderland« genannt, der aus einem anderen Land Kommende.

Am Einschlafen eines Kindes, das mitten im Spiel sein Köpfchen neigt und rasch hinüberträumt, ist abzulesen, daß der Schwellenübergang zum Tode leichter und noch selbstverständlicher erfolgt, als es für uns Erwachsene den Anschein hat. Irrtümer, Schuld und Sünde haben dem Leben noch keine Erdenschwere gebracht. Frei von Verstrikkungen in das Schicksalsnetz hat es leichtfüßig und spielerisch den bisherigen Erdenweg zurückgelegt. Wenn das Bild erlaubt ist: Wie bei jenem Spiel, dessen Plan von Kinderhand mit Kreide auf unsere Straßen gemalt wird und bei dem die Kinder auf einem Bein hüpfend in den Himmel springen, ist der Übergang von wenig belastenden irdischen Bereichen in die himmlischen wie ein Sprung in eine heimatliche Welt. Friedrich Rückert (1788–1866), Dichter und universeller Sprachgelehrter, verlor im Winter 1833/34 im Abstand von vierzehn Tagen zwei Kinder. Die vierjährige Luise und der fünfjährige Ernst erkrankten zu Weihnachten 1833 an Scharlach, damals noch eine tödliche Krankheit. An Silvester starb das Mädchen, in der ersten Woche des Neuen Jahres 1834 der Sohn. In namenlosem Schmerz stand der Vater an der Bahre. Aber die beiden frühverstorbenen Kinder erweckten in ihm einen neuen Ton der Klage, die ihr Gewicht durch die Nähe zur übersinnlichen Welt bekam.

Bei seinem eigenen Tod am 31. Januar 1866 auf seinem Gut in Neuseß bei Coburg saß die Tochter Maria neben seinem Sterbelager und sagte zu ihm: »Du bist heute wie

Dein Hafis« (ich habe ihn in solchen Augenblicken oft geneckt, nur weil ich sonst geweint hätte), »Du bist immer so im Taumel und hast nicht mehr Wein getrunken als der.« »Ich weiß wohl«, erwiderte Rückert, »das sind gar schöne Träume, in denen ich bin. Ich war schon in einem Himmel.«

Diese Tochter Maria gab nach seinem Tode aus seinem Nachlaß die Lieder heraus, welche aus dem Leid um die frühverstorbenen Kinder und aus der geistigen Verbindung mit ihnen entstanden waren. Was er selbst in den Tagen seines Todes erfuhr, den offenen Himmel, es durchzieht als Sehnsucht und bewußtes Suchen seine Dichtung. Diesen beiden Kindern sind die »Kindertotenlieder« zu danken. Sie sind in drei Gruppen geordnet, die zugleich drei Stufen der Überwindung des Schmerzes ausdrücken:

Lied und Leid – Krankheit und Tod – Trost und Erhebung.

Alles zielt auf übersinnliche Vereinigung, die angestrebt wird durch Erinnerung und Vergegenwärtigung der Kinderseelen. Dies entzündet sich oft an Kleinigkeiten, wie etwa dem Duft eines Kleides. Das andere Leben ragt in dieses herein und durchwebt es mit höherer Harmonie:

Ich habe mich ergeben.
Im Leben waren sie
das Stück von meinem Leben,
das Glanz dem Ganzen lieh.
Nun ist ein Blick auf sie,
Nun ist ihr Aufwärtsschweben
in diesem Leben wie

ein Stück vom andern Leben,
um dieses zu durchweben
mit höhrer Harmonie.

Am Anfang dieses Jahrhunderts, 1901 bis 1904, war es Gustav Mahler (1860–1911), der einzelne dieser »Kindertotenlieder« zu musikalischem Leben erweckte, auch wenn bei ihm die Töne düsterer sind, als bei den Gedichten Rückerts. Wer wird einmal dem Thema nachgehen, wie schöpferische Geister durch Verstorbene angeregt und gefördert werden?

Das Ritual der Bestattung für Erwachsene atmet Ruhe, Ernst und auch Verpflichtung für die Hinterbliebenen. Es setzt gelebtes Schicksal voraus. Das Ritual der Kinderbestattung jedoch hat einen rhythmisch beschwingten Charakter. Es wird als Ganzes gefeiert, nicht in Teile gegliedert. Da das Kind von seinem siebten bis vierzehnten Lebensjahr etwa in die Sonntagshandlung, den Gottesdienst für die Kinder, ging und noch nicht durch die Konfirmation zur Menschenweihehandlung geführt war, entfällt die Weihehandlung für das Verstorbene. Das Gedenken an diese Kindesseele und das Leben mit dieser Seele ist ganz in den Schicksalskreis gestellt, in dem es zur Welt kam.

Durch das Ritual wendet sich die Gemeinde mit den Angehörigen an den Vater, den Christus und den Heiligen Geist. Jedem der drei großen Gebete entspricht ein kultisches Handeln mit Weihrauch und Asche, mit Weihrauch und Wasser und Opferrauch allein. Die bleibende Nähe der Seele dieses Kindes, das nun in der Gemeinschaft der Seelen ankommt, die mit Christus unmittelbar verbunden leben, steigert sich bis zu dem Motiv dauernder Gemeinschaft, die über den Tod hinaus in die Zukunft führt. In einem Vortrag, den Rudolf Steiner am 5. Februar 1918 in Berlin gehalten hat, sagt er: »Und würden nicht jugendlich verstorbene Menschen in das Leben hereinwirken, so gäbe es wahrscheinlich überhaupt keine Frömmigkeit.«[21]

Die Frömmigkeit als Geschenk und Gabe frühverstorbener Menschen? Rudolf Meyer[22] hat in seinem Buch über das Kind in dem Kapitel »Von den frühverstorbenen Kindern« die Aufmerksamkeit auf diesen geistigen Vorgang gelenkt. Er schildert, wie der Dichter Friedrich Hebbel (1813–1863) in Paris die Nachricht erhielt von dem Tod seines dreijährigen Knaben Max, den er in Hamburg bei der Mutter, seiner Freundin Elise Lensing, zurückgelassen hatte. In seinen Tagebüchern berichtet er ausführlich von dem schmerzvollen Ereignis. Aus der Erschütterung heraus entsteht in der Nachbereitung ein Gedicht, das das Hereinwirken Frühverstorbener in ein geistoffenes Bewußtsein beschreibt:

Das abgeschiedene Kind an seine Mutter

Ich aber will, geheimnisvoll verbündet,
mit meines Vaters Geist nicht von dir lassen,
bis ich das Wort der Worte dir verkündet, das, kannst du's
auch nicht ungestorben fassen, doch all dein Sinnen fesselt
und dein Denken,
bis es sich ganz dir aufschließt im Erblassen.

21 Rudolf Steiner: Erdensterben und Weltenleben, GA 181

22 Rudolf Meyer: Das Kind, Stuttgart, 1959

Ich will in meinen Vater mich versenken,
ich will mein tiefstes Ahnen ihm entdecken,
ich will ihm Bilder und Gedanken schenken,
die selbst vor einem Dichter sich verstecken...

So groß der Schmerz über den Verlust eines Kindes ist, so wichtig ist im Weltganzen die unverbrauchte Lebens- und Seelenkraft, die inspirierend der Welt der hier Lebenden zukommt, wenn sie es nur annehmen will.

Rudolf Steiner hat in dem obengenannten Vortragszyklus im letzten Kriegsjahr 1918 in Berlin Bemerkenswertes über die Toten, ihre stille Gegenwart und ihr Hereinwirken in unsere Lebenszusammenhänge ausgeführt. Dabei kommt dem Übergang der Bewußtseinszustände vom Wachen zum Schlafen und vom Schlafen zum Wachen eine besondere Bedeutung zu. Das Einschlafen, dem auch das Abendgebet vorausgehen kann, ermöglicht Fragen an die Toten. Das morgendliche Aufwachen, wenn es nicht durch einen schrillen Wecker ruckartig vor sich geht, sondern einen allmählichen Übergang darstellt, erweist sich als besonders günstig für das Aufnehmen einer Botschaft, die von drüben kommt.

Die gleiche Erfahrung hat auch Albrecht Haushofer in einem seiner Moabiter Sonette ausgesprochen:

Nächtliche Botschaft

Noch andre Botschaft rieselt aus der Nacht
in meines Wesens kaum bewußte Schichten,
im Wellengang von Tönen und Gesichten
wird mir von Toten letzter Sinn gebracht.

Zu deuten das Gefühlte bleibt versagt.
Die Toten rufen uns auf eigne Weise
mit Klängen wie von einer Sternenreise –
nur eines weiß ich, da der Morgen tagt:

So wenig in den stoffgebundnen Reichen,
seit Schöpfertum im Sonnenkreis begann,
ein Körnchen Staub verlorengehen kann,

so wenig darf ein Seelenhauch entweichen.
Wohin er weht, wenn er dem Leib entflieht –
die Frage scheut, wer keine Grenze sieht.

Die Beisetzung der Urne

Hat eine Feuerbestattung (Kremation) stattgefunden, dann wird nach einer kürzeren Zeit die Urne zur Beisetzung freigegeben. Das Wort »Urne« stammt aus dem 17. Jahrhundert und ist aus dem Lateinischen urna – Wasserkrug, Topf, Aschenkrug – gebildet. Vielfach ist sie heute aus Metall, so daß Namen und die persönlichen Daten oben auf der Urne eingraviert werden können. Am Anfang der Beisetzung haben sich die nächsten Angehörigen zu überzeugen, daß es das richtige Gefäß ist.

Gehen wir davon aus, daß die Bestattung eine Übergabe der sterblichen Reste eines Menschen an die Elemente der Erde ist und wie diese letztlich dem Leben dienen, dann sollten auch Brauchtum und Sitte neu durchdacht werden.

Ist es nicht richtiger, die Urne aus leicht-vergänglichem Holz oder aus Ton anzufertigen, und damit die Asche dem Prozeß des Vergehens und Rückkehrens zur Erde zu unterwerfen? Je dauerhafter die Gefäße, um so problematischer sind sie wohl. Vielleicht wird es einmal in neuen Werkstätten die Herstellung von hölzernen und irdenen Urnen geben, die zweckentsprechend und zugleich auch leicht zu erwerben sind.

Das Grab für die Urne muß von den Angehörigen gewählt werden. Ob eine Aufstellung der Urne in einer Urnenwand sinnvoll ist? Mir scheint auch dies dem oben Geäußerten zu widersprechen. Die Erde und das Grab nehmen mit der Urne die Asche auf, und diese kann im Erdreich ihren Charakter als Ferment entfalten.

Die Beisetzung der Urne ist kein kultischer Akt. Im allgemeinen findet sie auch erst statt, wenn einschließlich der Weihehandlung für den Verstorbenen alles geschehen ist.

Der Priester kann in Zivil mitgehen, die Angehörigen können aber auch diese Handlung selbst vollziehen. Zur freien Anregung mag dienen, daß über dem kleinen Urnengrab zunächst das Zeichen des Kreuzes gezogen werden kann. Friedhofserde ist geweihte Erde, und das Zeichen des Kreuzes sollte die Segenskraft dafür verlebendigen.

Dann können Worte aus dem Neuen Testament gelesen werden, die einen unmittelbaren Sinnzusammenhang mit dem Geschehen haben, z. B. aus dem 1. Brief des Paulus an die Korinther, Kapitel 15, 35–51. In diesem Text wird das Geheimnis von Tod und Auferstehung in Anknüfung an das Bild des Samenkorns, das stirbt, um neues Leben zu schenken, in hymnischer Sprache dargestellt. Bewährt hat sich auch Kapitel 5, 1–10 und 5, 14–17 aus dem 2. Brief des Paulus an die Korinther.

Nach der Versenkung der Urne kann das Vaterunser gesprochen werden. War der Verstorbene Mitglied der Christengemeinschaft, dann mag auch der Text des Bekenntnisses hinzugefügt werden. Nun erfolgt das Bedecken des Grabes mit Erde. Es ist wünschenswert, daß sich auch die Angehörigen hierbei mit eigener Hand beteiligen, so daß die Beisetzung der Urne zur eigenen Tat und einem letzten Dienst wird.

Der Friedhof

Friedhof ist ursprünglich der umfriedete, eingefriedete Hof. Lateinisch wird er auch coemeterium, die Ruhestätte für den Schlaf des Friedens, volkstümlich auch Gottesacker, campus sanctus, genannt. Im 1. Korintherbrief gebraucht Paulus das Bild:

»Es wird gesät verweslich und wird auferstehen unverweslich.« (15, 54)

Dies weist auf das ursprüngliche Gefühl hin, daß ein Begraben der Toten auf dem Gottesacker der sterbenden Saat und dem Erwecken neuen Lebens verwandt ist. Ein Gottesacker dient nicht nur den Toten, sondern dem neuen Leben der Erde.

Schon seit dem dritten Jahrhundert bildeten sich christliche Friedhöfe aus, nachdem in Rom und anderen Orten die unterirdischen Katakomben dem Totendienst, aber auch dem Beten und der Versammlung der Gemeinde gedient hatten.[23] Vom fünften Jahrhundert an wurde es Sitte, die Verstorbenen in der Vorhalle, später in der Kirche selbst zu bestatten. Doch wurde hier die Beisetzung bald auf geistliche und weltliche Würdenträger beschränkt. Im Mittelalter lag der Friedhof meist unmittelbar am Fuße der Kirchenmauer, die Toten waren so mit der betenden Gemeinde und dem Altar auch räumlich verbunden. Doch gab es auch damals schon vielfach außerhalb der Ortschaf-

23 Emil Bock, Robert Goebel: Die Katakomben, Stuttgart 1961

ten gelegene Friedhöfe mit einer eigenen Kapelle, die dem Erzengel Michael geweiht war. Man erlebte Michael mit der Waage in der Hand als das Wesen, welches die Seelen nach dem Tode wiegt, um die Frucht ihres Lebens, ihr inneres Gewicht festzustellen. Darüber hinaus war er der Geleiter der Seelen in das Nachtodliche. In der Neuzeit nun wurden die Friedhöfe aus hygienischen und praktischen Gründen mehr und mehr an den Rand oder vor die Ortschaften verwiesen.

Ein staatliches Friedhofsrecht gibt es nicht. Meist bestehen kommunale oder landesrechtliche Bestimmungen. Sie betreffen das Eigentum am Friedhof und die Friedhofsordnung. Ein Grab kann nicht gekauft, es kann nur ein zeitlich begrenztes Nutzungsrecht erworben werden. Die Friedhofsordnung umfaßt sowohl die Zeiten der Öffnung als auch Anlage, Vergabe und Heimfall der einzelnen Grabplätze, Bestimmungen über Grabdenkmäler und die Pflege der Grabstätten.

Grundsätzlich haben auch bei einem kircheneigenen Friedhof Andersgläubige Anspruch auf Beisetzung, wenn ein kommunaler Friedhof nicht zur Verfügung steht. »Dem Geistlichen des anderen Bekenntnisses darf die Vornahme der religiösen Bestattungsfeier nicht verweigert werden«, heißt es im katholischen Lexikon für Theologie und Kirche.

Die Friedhofsgestaltung macht zur Zeit in Mitteleuropa eine positive Wandlung durch. In der zweiten Hälfte des 19. Jahrhunderts war sie als Ausdruck des allgemeinen Materialismus problematisch geworden. Friedhöfe wurden zu Stätten der persönlichen Geltungssucht, der steinernen Öde und der gebauten Geschmacklosigkeit. Heute wird das Gräberfeld gärtnerisch aufgelockert; Pflanzen aller Art bestimmen mit ihrem lebendigen Charakter das Erscheinungsbild. Persönliche Unterschiede des Standes und Berufes treten zurück. Die Gefallenen-Friedhöfe der Kriege zeigen dabei oft zukünftige Wege. Die Gräber sind bescheiden und Audruck der Gleichheit im Tode. Das Individuelle erscheint nur durch den Namen im Kreuz oder auf dem Gedenkstein.

Für eine Gemeinde kann es eine schöne Aufgabe sein, ein Gräberfeld zu erwerben und im Zusammenwirken von Garten- und Friedhofsarchitekten sowie Priestern schlichte und würdige Stätten zu schaffen, die auch bei einer Bestattungsfeier am Grabe genügend Platz für die Angehörigen und die Gemeinde bieten.

Elementare Grundforderungen für den Grabplatz und die Grabgestaltung sind wohl: Beschränkung und Bescheidung, Begrenzung der Höhe und der Ausführung von Grabdenkmälern, Verzicht auf hochglanzpolierte schwarze Steine, gut lesbare, klare und schlichte Schrift und möglichst lebende und nicht steinerne Umrahmung des Grabes.

Wer ein Grab für einen Angehörigen erwirbt, übernimmt auch die Verantwortung für eine angemessene und würdige Pflege. Friedhöfe sind in Stadt und Land ausgesparte Stätten, mit deren Anlage und Pflege die Gedanken und die Gesinnung der Lebenden zu den Toten hingelenkt werden und damit aus der begrenzten Zeit zur unbegrenzten Ewigkeit hin. Stille und Ruhe, Friede und Würde gehören ebenso dazu wie die verwandelnde Kraft von Bäumen als Trägern des natürlichen Lebens.

Bestattungstestament und Testament

Immer wieder kommt es vor, daß Bestimmungen über die Bestattung und besondere Hinweise oder Wünsche dem Testament hinzugefügt werden. Die Urkunde des Letzten Willens wird jedoch üblicherweise dem Nachlaßgericht am Ort übergeben und erst mehrere Wochen nach dem Tode eröffnet. In diesem Falle sind alle Angaben über die Bestattung hinfällig.

Es ist daher empfehlenswert und notwendig, zwei voneinander unabhängige Letztwillige Verfügungen zu treffen.

Die eine umfaßt dann in Form eines privaten, handgeschriebenen, mit Ort, Datum und eigenhändiger Unterschrift versehenen Testamentes oder in Form eines öffentlichen, notariellen Testamentes die Aufteilung und Verfügung über den Besitz.

Die andere ist eine ausschließlich die Bestattung regelnde Verfügung. Sie wäre zu kennzeichnen: »Mein Bestattungstestament – Sofort nach meinem Tode zu öffnen«.

Als günstig hat sich ein zweifaches Original erwiesen. Eines, das zu Hause leicht findbar und gut zugänglich zu hinterlegen ist; das andere, das im Testamentsarchiv der Gemeinde niedergelegt wird. Damit kennt auch die Gemeinde bzw. deren Pfarrer den letzten Willen zur Frage der Bestattung.

Wichtige Gesichtspunkte zum Abfassen dieser Bestimmung können sein:

1. Ist eine Erd- oder Feuerbestattung gewollt?
2. Angaben zum Ort der Beisetzung, zum Grab und zum Friedhof.
3. Eine Aufstellung der zu benachrichtigenden Personen, soweit das nicht bekannt ist oder sich von selbst ergibt.
4. Fragen der musikalischen Gestaltung der Feier, was im allgemeinen nur bei Kremationen oder bei Erdbegräbnissen in Friedhofskapellen möglich ist. Dabei sind möglichst ausgefallene Wünsche zu vermeiden.
5. Sofern auf Kranzspenden etc. verzichtet wird, ist anzugeben, welche gemeinnützige Einrichtung bedacht werden soll.
6. Es ist günstig, nicht über einen bestimmten Priester zu verfügen. Was am Tag und zur Zeit der Bestattung möglich ist, kann nur begrenzt vorausgesehen werden.
7. Eine Bestimmung über die Kosten der Bestattung, soweit nicht anderweitig geordnet, und über die entsprechende Zuwendung an die Gemeinde.

Zur Frage des Testamentes überhaupt sollten nicht erst im hohen Alter, sondern rechtzeitig bei wacher und gesunder geistiger Verfassung Gedanken gebildet und die entsprechenden Bestimmungen getroffen werden. Für den Menschen der Gegenwart ist es notwendig zu wissen, daß immer ein Recht gilt, wenn nicht der Mensch rechtsschöpferisch Recht setzt. Das heißt, stirbt er ohne Testament, dann tritt das Recht in Kraft, das durch das Bürgerliche Gesetzbuch geregelt ist. Im wesentlichen handelt es sich um das Erbrecht § 1922 bis 2385.[24] Der Ausgangs-

24 Bürgerliches Gesetzbuch, 27. Auflage, München 1983

punkt dieses Erbrechtes ist die Familie, die Verwandtschaft, das gemeinsame Blut. Wer zu diesem Recht hinzu rechtsschöpferisch Einrichtungen mit Vermächtnissen bedenken oder zum Erben einsetzen will, muß dies durch die Erklärung seines letzten Willens ordnen. Dabei ist es wichtig, den bedachten Empfänger rechtlich genau zu bezeichnen. Je weniger Auflagen und Bestimmungen im einzelnen mit dem Vermächtnis oder dem Testament verbunden sind, um so größer ist der Freiheitsgrad des Empfängers, verantwortlich mit dem Empfangenen umzugehen. Da es im allgemeinen ein gemeinnütziger Träger sein wird, ist die Garantie für eine Verwendung der Mittel im Sinne des Nutzens für das Gemeinwesen gegeben. Wieder sei es erlaubt, ein paar Beispiele aus der Praxis anzuführen, die den Problemkreis des letzten Willens kennzeichnen.

Eine Frau erklärte ihrem Stiefsohn, daß ein Testament bei ihr nicht nötig sei, da ja kein verwandtschaftlicher Erbe in der Nähe wäre. Es gäbe lediglich eine Nichte, zu der jede Beziehung abgebrochen sei. Diese solle gar nicht von ihrem Tod erfahren. Im übrigen sei ja wenig da, was vererbbar wäre. Der Stiefsohn wurde gebeten, die Auflösung der Wohnung zu übernehmen. Bei einem Autounfall verunglückte diese Frau tödlich. Der andere Fahrer trug die Schuld, damit zahlte dessen Versicherung eine hohe Summe. Die Verunglückte hatte also nach ihrem Tod plötzlich ein kleines Vermögen zu vererben. Das Nachlaßgericht fand die Nichte heraus. Die Nichte erhielt das Ganze, der Stiefsohn ging leer aus. In diesem Falle ließ also die Nichtbeachtung der Tatsache, daß in jedem Fall ein Recht gilt, das Erbe gerade in die Richtung gehen, die von der Erblasserin nicht gewollt war.

Eine bescheiden und arm lebende Frau wurde durch einen Autounfall vom Tod ihres Bruders und ihrer Schwägerin betroffen. Der Bruder war Geschäftsmann und starb nach dem Unglück fünf Stunden später als seine Frau. Er beerbte damit, ohne das Bewußtsein wieder erlangt zu haben, erst seine Frau, so daß der armen Schwester dann ein doppeltes Vermögen zufiel.

In einem dritten Fall hatte der Verfasser einen Musikprofessor über die Errichtung eines privaten Testamentes, das nur handschriftlich geschrieben sein darf, zu orientieren. Der Musikgelehrte setzte sein Testament auf und schrieb es auf der Schreibmaschine ab. Den Formfehler, den er beging, bat er die Behörden der Bundesrepublik zu entschuldigen. Trotz dieser Entschuldigung erbte der Staat, da keine Angehörigen vorhanden waren. Ein Testament, das nicht handschriftlich ist, ist ungültig.

Und schließlich ein letztes Beispiel: Eine namhafte Kammersängerin lebte die letzten Jahre ihres Lebens in einem privaten Altersheim. Nur wer sie nahe kannte, erfuhr, daß sie zwar ganz bewußt und gesprächsfähig war, aber nicht mehr über die Gabe der Erinnerung verfügte. Die private Heimleitung errichtete mit ihr einen Erbvertrag über ihren Haus- und Grundbesitz. Als sie die Gemeinde der Christengemeinschaft bedenken wollte und ein handschriftliches Testament machte, erinnerte sie sich nicht an die Tatsache, daß sie längst in anderer Richtung über ihr Vermögen verfügt hatte. Die Heimleiterin erbte das Vermögen.

Es ist für einen bewußt lebenden Menschen, der seine Gedanken auch in die Zukunft richtet und den Tod in das Leben als selbstverständliche Tatsache einbezieht, unerläßlich, jederzeit darüber zu befinden, was im Augenblick seines Todes als Recht gelten soll. Das Testament schafft die Möglichkeit, daß auch ein Verstorbener noch Ziele verwirklichen kann, die er zu Lebzeiten als förderungswürdig und hilfsbedürftig gesehen und erkannt hat. Tote können auf diese Weise real unter uns Lebenden mitwirken und erstaunliche Möglichkeiten schaffen. Der Wille, mit dem ein Mensch im Leben darinsteht, wirkt und handelt, kann damit durch rechtsschöpferisches Setzen eines letzten Willens zum Organ werden, weit über die Schwelle des Todes hinaus fruchtbar und segensreich für andere Menschen zu wirken.

Dabei ist darauf zu achten, daß der Letzte Wille jeweils auch dem letzten Stand entspricht und für jede Zeitphase des Lebens in sich gültig ist.

Der Selbstmord und die Selbsttötung

Der Selbstmord gehört zu einem tief-ernsten Gebiet des Lebens und des Todes, über das man sich scheut, Allgemeingültiges zu sagen. Doch sei es gewagt im Vertrauen darauf, daß der Leser es lediglich als Anregung zum selbständigen Nachdenken über dieses Problem auffaßt.

Mord geschieht aus Mordlust oder aus Grausamkeit und ist eine bewußt vollzogene Tat. Das Strafrecht kennt darüber hinaus den Totschlag und läßt mildernde Umstände walten, wenn der Getötete selbst eine Affekthandlung schuldhaft herbeigeführt hat.

Wenn eine Selbsttötung wirklicher Selbstmord ist, dann setzt dies voraus, daß der Täter aus Überlegung planvoll und verantwortungsfähig gehandelt hat, die Tat also frei war. Lagen Zwänge und Determinierungen aus leiblichen Ursachen vor oder Zwänge aus seelischen Gründen, wie z. B. Wahnideen oder Depressionen, dann kann nicht von Selbstmord gesprochen werden.

Zu diesem Problem schreibt Hermann Pohlmeier[25], daß etwa bei sechzig bis siebzig Prozent der Selbstmörder Depressionen oder depressive Tendenzen vorausgingen. Wer Depressionen bei Mitmenschen oder bei sich selbst kennt, weiß, bis zu welchem Grade der Mensch in eine Depression versinken kann und wie oft er nicht in der Lage ist,

25 Hermann Pohlmeier: Selbstmord und Selbstmordverhütung, München – Wien – Baltimore 1983

sich aus eigener Kraft aus dem Tief herauszuheben. Depressionen sind wirkliche Krankheiten. Damit wären etwa zwei Drittel der Selbstmorde Ausdruck und Folge einer seelischen Erkrankung.

Man hat in der Auswertung von Selbstmordfällen auch Risikogruppen eingrenzen können. Es werden Gruppen von Menschen mit Depressionen, mit süchtigem Fehlverhalten (Mißbrauch von Drogen und Alkohol), Altersselbstmörder und Jugendliche unterschieden. Doch muß aller Statistik und schematischer Auswertung entgegengehalten werden, daß es sich im Grunde bei jedem einzelnen Menschen um ein individuelles Schicksal und um ganz persönliche Bedingungen seiner Herkunft und seines Milieus handelt, die sich der Erforschung nur begrenzt erschließen.

Nach einem Bericht der Weltgesundheits-Organisation nehmen sich auf unserem Planeten täglich mindestens 1000 Menschen das Leben. Dabei liegt Ungarn mit der höchsten Selbstmordquote an der Spitze. In der Bundesrepublik Deutschland beläuft sich die Zahl der in einem Jahr vollzogenen Selbsttötungen auf 14000. Selbstmordversuche sollen zehn- bis fünfzehnmal mehr ausgeübt werden, das wären jährlich 140000 bis 200000 Versuche. Dabei ist aufschlußreich, daß achtzig Prozent der vollzogenen Selbstmorde durch Briefe, Gespräche, Anrufe oder ähnliches vorher angekündigt waren. Bei einem hohen Anteil dieser beklagenswerten Entschlüsse bekam also eine Bezugsperson Zeichen oder Mitteilungen, welche die Chance einer Selbstmordverhütung immerhin teilweise möglich machten.

In seiner Studie über den Selbstmord berichtet A. Alvarez[26] von der Schriftstellerin Sylvia Plath, die sich in ihrer abgedichteten Küche durch Gas das Leben nahm, sie habe einen Zettel hinterlassen, auf dem stand: »Bitte rufen Sie Dr. ... an.« Die Telefonummer war angegeben.

Eine letzte Hoffnung in einer hoffnungslosen Situation? Als Dichterin hatte sie das Sterben schon vorweggenommen:

Sterben
ist eine Kunst, wie alles.
Ich kann es besonders schön.
Ich kann es so, daß es die Hölle ist, es zu sehen.
Ich kann es so, daß man wirklich fühlt, es ist echt.
Sie können, glaube ich, sagen, ich bin berufen zu diesem Ziel.

Fast alle Psychologen und Ärzte sind sich darin einig, daß den meisten Selbstmordversuchen eine tiefe Vereinsamung und Verzweiflung zugrunde liegt. Das daraus entstehende Gefühl der Ausweglosigkeit verdrängt jeden noch frei gefaßten Gedanken an einen möglichen sinnvollen Ausweg. Die eigentliche Ursache ist wohl Mangel an Liebe. Vereinsamung tritt nur bei fehlender Zuwendung oder selbstgewählter Isolierung ein. Verzweiflung ergibt sich, weil kein Ratgeber und Gesprächspartner zur Aufhellung oder Auflösung der Lebensprobleme zur Verfügung steht. Neben dem Gespräch mit dem Arzt und Therapeuten wird daher in Zukunft mehr und mehr die

26 A. Alvarez: Der grausame Gott, Frankfurt/Main 1981

Beichte und die damit verbundene Hilfe und Stärkung durch das Sakrament wichtig werden, wie auch die schon durch Rudolf Steiner inaugurierte Pastoralmedizin durch das intensive Zusammenwirken von Arzt und Priester wesentliche Hilfestellung leisten kann.

Über die Wege zum Vollzug des Selbstmordes gibt es aufschlußreiche Untersuchungen. Poehldinger[27] beschreibt aus seiner Erfahrung drei Abschnitte dieses Prozesses. Den ersten nennt er Erwägung. Der Suicid taucht im Bewußtsein auf. Er wird als eine Möglichkeit angesehen, die wirklichen oder scheinbaren Probleme zu lösen. Dabei können miterlebte Schicksale in der eigenen Familie oder Verwandtschaft, ja auch die Darstellung von Selbstmord in der Literatur, im Theater oder in den Massenmedien eine Rolle spielen. In dieser Phase kommt es sehr darauf an, wer demjenigen, der einen solchen Lebensabschluß erwägt, begegnet. Die Waagschalen schwanken. Es ist eine Schicksalsfrage, ob in die erste Schale genügend positive, den Lebenssinn erhellende Gewichte gelegt werden können.

Das zweite Stadium ist durch Ambivalenz gekennzeichnet. Der innere Kampf zwischen konstruktiven oder destruktiven Tendenzen ist im Gange. Unschlüssigkeit ist dafür charakteristisch. Diese Ambivalenz äußert sich häufig in Ankündigungen, die immer ernst genommen werden sollten und als echte Hilferufe aufzufassen sind, aber oft nicht beachtet werden. Die »Umgebungsbefragun-

27 W. Poehldinger: Die Abschätzung der Suicidalität, Bern – Stuttgart 1968

gen« von Robins (1959) und Ringel (1961), die im Anschluß an Selbstmorde durchgeführt wurden, haben gezeigt, daß neunundsechzig, bzw. achtundsiebzig Prozent dieser Selbstmörder ihre Absicht deutlich kundgetan haben.

In der dritten Phase ist der Entschluß gefaßt. Da geht es nur noch um die Durchführung. Hier sind es vor allem indirekte Hinweise, die zu beachten sind. »Diese sind einerseits Vorbereitungshandlungen oder konkrete Vorstellungen über das Vorgehen, die auf Befragen angegeben werden. Für eine Zunahme der Suicidalität spricht auch, wenn ängstlich-agierende, depressive Menschen plötzlich ruhig werden und ein scheinbar abgeklärtes Wesen zur Schau tragen. Diese Ruhe ist verdächtig und bedeutet oft Ruhe vor dem Sturm, nachdem der innere Kampf ausgefochten und der Entschluß gefaßt ist...«

Die gekennzeichneten drei Stadien, die immer durchlaufen werden, haben allerdings einen individuell ganz unterschiedlichen zeitlichen Verlauf. Einige Erfahrungen aus der Praxis des Seelsorgers seien genannt. Eine weit bekannte Schauspielerin, schlank, mädchenhaft, glasklare, aber nymphenhafte Augen, Vater unbekannt, die Mutter hatte zwei weitere Kinder von verschiedenen Vätern, ging mit sechzehn Jahren von »zu Hause« durch und bekam sofort ein Hauptrollenengagement. Nach dem Bericht ihres Mannes machte sie im Laufe der etwa dreißig Lebensjahre zwanzig Suicid-Versuche mit starken Narkotika. Ihre Liebingsrolle war die Heilige Johanna. 1959 schrieb sie: »Kampf, das ist der ungeheure Kraftaufwand an Glauben und Hoffnung, Energie. Tod: leiblich oder seelisch. Den seelischen sehe ich in der absoluten Resignation – das ist allerdings noch sein günstigstes Ergebnis. Meist wird es Verzweiflung, Unzufriedenheit, Verbitterung, demzufolge rapides Absinken aller vorhandenen positiven Eigenschaften.

Ich bin mitten in der Nacht. Und weil ich Angst vor dem Ergebnis meiner Überlegungen habe, versuche ich, diese zu zerlegen, zu sezieren.

Früher dachte ich: Die Welt ist weit, unerschöpflich – eine Existenz allein reicht nicht aus, sich an ihr zu berauschen. Und nun betrachte ich sie gleichgültig. Sie ist nichts Weiteres als ein riesiger Verbannungsort. Damals spielte ich noch mit dem Begriff des Todes: nur mit dem Begriff. Heute ist das anders. Ich spiele nicht mehr. Der Tod ist da. Er verdeckt das Blau des Himmels. Er hat die Vergangenheit in sich hineingeschlungen und die Zukunft verzehrt.

Ich bin eine Tote mit Bewährungsfrist, sozusagen ›auf Urlaub‹. Man muß dahin gelangen, die Hoffnung – was ist sie anderes als eine Selbsttäuschung – wieder endgültig aufzugeben. Das Leben ist dann nicht mehr so lästig, wenn man darauf verzichtet, so zu tun, als sei man lebendig.«

Und in einem Gedicht bekennt sie:

Ich!

Lebender Leichnam
Schluchzender Regen
Die Straße verachtend
Geh ich den Weg.

Frierende Seele
Schweigende Mauern
Demütig hoffend
Hetzendes Blut.

Laterne im Nebel
Tastende Helle
Grünes Gelächter
Bricht sich in ihr.

Exaktheit des Pulses
Lautlose Schreie
Die Schritte sind spurlos:
Resignation.

Lebender Leichnam
Frierende Seele
Exaktheit des Pulses
Geh ich den Weg.

Aus einer viereinhalbjährigen Gefangenschaft in der Sowjetunion sei berichtet, daß ich in dreißig Lagern trotz schwerster Lebensbedingungen keinen einzigen Selbstmord erlebte. Der große Hunger, die harte Arbeit und schwierigste Lebenssituationen hinter Stacheldraht spannten alle Kräfte auf das Überleben hin an. Die Hoffnung zielte auf Heimat. Spezifische seelische Schwierigkeiten traten nur dann auf, wenn die Post – 25 Worte pro Monat waren von 1947 an erlaubt – schlechte oder unglückliche Nachrichten von zu Hause brachte. Aber der Durchhaltewille und der Kampf um das Überleben waren intensiv, stark und in schwächsten Leibern gegenwärtig. Ganz sicher gibt es eine Beziehung zwischen Selbstmordhäufigkeit und materiellem Wohlstand, der oft mit seelischer Öde einhergeht.

Ein wenig beachteter Gesichtspunkt ist die gesuchte Nähe zur geistigen Welt. Wenn das materielle Dasein und die allzu etablierten Verhältnisse nicht anerkannt werden können und eine tiefe Sehnsucht nach dem Geist unbewußt wirksam ist, dann fühlt z. B. ein junger Mensch, daß zwischen dem Tod und dem Tor zur geistigen Welt ein Zusammenhang besteht. Der Selbstzerstörungstrieb kann, als eine seiner Ursachen, Ausdruck des Wunsches sein, Hemmendes und Begrenzendes – den Leib zu beseitigen. Der Leib wird aus einer Geringschätzung des irdischen Lebens und einer unbewußten Sehnsucht nach der geistigen Welt weggeworfen. Gerade junge Menschen mit der Neigung zu überzogenen idealistischen Vorstellungen, die einen illusionären Charakter haben, neigen dazu, in dieser Richtung gefährdet zu sein. Die Grundempfindung, daß der Leib ein Geschenk und eine Gabe ist, die man durch die Eltern und durch die Gottheit entgegengenommen hat und über die man nicht allein verfügen darf, kann hilfreich sein. Das wirkliche Interesse am anderen Menschen, die Zuwendung und das Gespräch tragen ebenfalls dazu bei, der Vereinzelung und Vereinsamung entgegenzuwirken. Wenn die Nächstenliebe nicht nur den eigenen Nächsten, sondern dem Nächsten, der einem begegnet, gegenüber geübt wird und auch der Andersdenkende und Andershandelnde auf echtes Verständnis rechnen darf bis zur Liebe des Feindes hin, die das Ideal der

Bergpredigt ist, dann wird in Zukunft viel wirksame Hilfe möglich sein. Um jeden einzelnen herum kann sich bei solcher Gesinnung ein atmosphärisches Kraftfeld bilden. Der Kranke und der Gefährdete wird für seine Zeichen, seine Fragen, sein Suchen ein offenes Ohr und, soweit möglich, eine helfende Hand finden.

Für das religiöse Leben und Handeln der Christengemeinschaft gilt, daß im Tode kein Unterschied in der Person gemacht wird. Es ist nicht die Aufgabe der Religionsgemeinschaft, richtend über die Handlungen eines Menschen zu denken. Die Bestattung wird daher in der gleichen Form gehalten wie bei jedem anderen Menschen.

Die Toten und wir

Das zwanzigste Jahrhundert ist ein Jahrhundert der Toten. Die zahllosen Kriege, die neben den beiden großen Kriegen tobten, rissen unendlich viele Menschen über die Schwelle. Auch nach 1945 gab es keine Stunde auf der Erde, in der nicht Krieg geführt wurde.

Im Ersten Weltkrieg von 1914–1918 starben 9740000 Menschen. Davon fielen als Soldaten 2000000 Deutsche, 2250000 Russen, 1365000 Franzosen und etwa 1000000 Engländer.

Der Zweite Weltkrieg von 1939–1945 dauerte 6 Jahre und 1 Tag. Insgesamt starben in diesem furchtbaren Krieg 55000000 Menschen, d.h. 1045 in jeder Stunde, 17 in jeder Minute. Bei den folgenden Kriegen, wie dem Korea- oder dem Vietnamkrieg, wurden die Toten gar nicht mehr gezählt. Dabei sind es, obwohl die Kriege längst die klassische Unterscheidung von Soldaten und Zivilisten verwischt haben und die Opfer in allen Bevölkerungskreisen und Altersgruppen zu suchen sind, hauptsächlich junge Menschen, die über die Schwelle gingen, unendlich viele Seelen, die unverbrauchtes, nicht ausgelebtes Leben hinübertrugen.

Wie lernen wir Zeitgenossen diese Ereignisse so zu leben, daß diese Opfer ihren Sinn erhalten? Wie lassen sich die Seelen dieser Toten, die unendlichen Scharen der Hinübergegangenen einbeziehen in den sinnvollen Fortgang des Lebens auf dieser Erde? Haben die Toten nicht ein Anrecht darauf, daß die Hingabe ihres Daseins dem Leben dient? Die Zahlen sind furchtbar, aber sie sagen wenig. 55 Millionen Menschen – das ist unvorstellbar und übersteigt das Fassungsvermögen des menschlichen Bewußtseins. Aber das Schicksal eines einzelnen Menschen, das sich verfolgen läßt, überschaubar ist, bewegt uns tief und schafft die Möglichkeit, daß wir Lebenden uns den Toten durch einzelne Seelen verbinden. Vergegenwärtigen wir uns z.B. das Leben des Mädchens Anne Frank, das das Schicksal einer verfolgten jüdischen Familie in Holland miterlebte und mit empfindsamer Seele vom 12. Juni 1942 – 1. August 1944 ein Tagebuch schrieb, das sie der Nachwelt anvertraute.[28] Sie selbst starb im März 1945 im Konzentrationslager Bergen-Belsen.

Das Schicksal der vielen ist an der Biographie dieses einen Menschen nachvollziehbar. Das Bewußtsein vermag es zu fassen. So schenken und bauen die ganz persönlichen Schicksale im zwanzigsten Jahrhundert die Brücke zwischen den Lebenden und den Toten. Der Tod hat hereingewirkt in fast alle Familien und hat unvorstellbare Ernte gehalten unter den Völkern und Rassen.

Wir können ihm gerecht werden, wenn wir ihn nicht ausklammern, sondern einbeziehen – nicht verdrängen, sondern verwandeln – nicht fürchten, sondern zum Freunde machen – nicht als den ganz fremden, sondern den vertrauten ständigen Lebensbegleiter anerkennen lernen.

28 Das Tagebuch der Anne Frank, Frankfurt 1983

Die Theologen haben die Kunde vom Land der Verstorbenen weithin vergessen. In der Dichtung jedoch werden Gedanken und Erfahrungen offenbar, die anzeigen, daß fein empfindende Dichterseelen die wahre Situation durchaus erkennen und die Menschheit an der Schwelle wahrnehmen. Christian Morgenstern, Georg Trakl, Rainer Maria Rilke, Nelly Sachs, Paul Celan, Albert Steffen und andere zeugen von der zunehmenden Sensibilisierung der inneren Erfahrung und der Nähe der Toten.

1908 schreibt Rainer Maria Rilke (1875–1926) das Sonett:

Der Tod der Geliebten

Er wußte nur vom Tod was alle wissen:
daß er uns nimmt und in das Stumme stößt.
Als aber sie, nicht von ihm fortgerissen,
nein, leis aus seinen Augen ausgelöst,

hinüberglitt zu unbekannten Schatten,
und als er fühlte, daß sie drüben nun
wie einen Mond ihr Mädchenlächeln hatten
und ihre Weise wohlzutun:

da wurden ihm die Toten so bekannt,
als wäre er durch sie mit einem jedem
ganz nah verwandt; er ließ die andern reden

und glaubte nicht und nannte jenes Land
das gutgelegene, das immersüße –
Und tastete es ab für ihre Füße.

Wir wissen zunächst alle, daß der Tod uns liebe Menschen und eines Tages uns selbst nimmt und »in das Stumme stößt«. Selbst die indianischen Inkas unterscheiden in den Bilddarstellungen Verstorbene und Lebende, indem jenen durch ein Kreuzband der Mund geschlossen ist. Tote sprechen nicht mehr. Stirbt aber ein ganz naher Mensch, dann enthüllt der Tod ein anderes Gesicht. Wenn es zunächst auch das »Schattenreich« ist, in das er hinüberwechselt, so reicht doch das Fühlen hinüber, und der Zug des Lächelns bleibt und verbindet.

Ein neues Verwandtschaftsgefühl zu den Seelen im Lande der Toten tritt auf. Er läßt nun auch »die anderen reden und glaubte nicht«. Das Gerede, daß es kein Jenseits gibt, daß die geistige Welt Phrase oder Überbau ist und das Leben mit dem Tode endet, läßt er einfach geschehen. Er glaubt nicht den Materialisten, er glaubt nicht den Nihilisten, er glaubt jetzt aus Erfahrung an das »gutgelegene Land« der Verstorbenen.

Eine weitere Erfahrung spricht sich in dem »Requiem« aus, das Rilke »Für eine Freundin«, die im November 1907 verstorbene expressionistische Malerin Paula Modersohn-Becker, schrieb. Unmittelbar spricht er sie an:

> Komm her ins Kerzenlicht. Ich bin nicht bang,
> die Toten anzuschauen. Wenn sie kommen,
> so haben sie ein Recht, in unserm Blick
> sich aufzuhalten, wie die andern Dinge.
> Komm her; wir wollen eine Weile still sein...

Eine Weile des Stillseins und Verweilens im Schein einer brennenden Kerze und das Pflegen der Gemeinsamkeit über die Schwelle hinüber, das anhebt mit dem gebetsartigen Ruf »Komm her zu mir«, ist bereits Gebetskultur von Menschen in unserem Jahrhundert geworden.

Die zehn großen Duineser Elegien, die Rilke im Begründungsjahr der Christengemeinschaft 1922 vollendete, als der neue Totenkultus gestiftet wurde, enthalten zentral das Thema der Toten und auch der »Frühentrückten«.

Schon in der ersten Elegie klingt das Motiv auf:

»...Es rauscht jetzt von jungen Toten zu dir.«

Sie sind die früh unserm Bewußtsein und unserer Erfahrung »Entrückten«. Und weil sie ihren Lauf nicht vollenden konnten und der Tod früh oder zu früh den Lebensfaden abschnitt, sind sie auf unsere Hilfe angewiesen. Das Gedicht »Der Tod der Geliebten« endet mit der Geste des Hinterbliebenen: »und tastete es ab für ihre Füße«.

Wenn der Frühvollendete in das Totenland tritt, sind die Füße auf diesem Wege gleichsam noch ungeübt. Das betende Gedenken ist wie ein Abtasten, Vor- und Mitgehen auf dem Wege in das andere Land. Dann mag auch die Erfahrung auftreten, daß aus dem Schatz des unverbrauchten Lebens der Geist eines Verstorbenen Kraft, Schutz und Förderung dem Lebenden hier zuströmt:

> ...aber wir, die so große
> Geheimnisse brauchen,
> denen aus Trauer so oft
> seliger Fortschritt entspringt –:
> Könnten wir sein ohne sie?

Wenn wir Erdenmenschen das große Geheimnis »brauchen«, daß das Leben hier und das Leben drüben erst die

Ganzheit des Lebens ausmacht, und daß sichtbare und unsichtbare Welt eine Welt sind – wie es dem ganzen Evangelium entspricht –, dann kann uns der Schmerz und die Trauer über den Verlust eines geliebten Menschen zur Quelle eines »seligen Fortschrittes« werden: Aus der Welt der Seligen, die unser Denken und Handeln von drüben begleiten, kommt uns Fortschritt zu, weil wir die andere Seite des Lebens behutsam beachten lernten.

Matthias Claudius singt in seinem Abendlied:

> Seht ihr den Mond dort stehen? –
> Er ist nur halb zu sehen,
> und ist doch rund und schön!
> So sind wohl manche Sachen,
> die wir getrost belachen,
> weil unsre Augen sie nicht seh'n.

Wovon Matthias Claudius schon mit Gewißheit spricht, das Vorhandensein des Unsichtbaren, das müssen wir heute, wo so unendlich viele Seelen Verstorbener unserer Hinwendung harren, als Tatsache erkennen. Ohne sie, die Verstorbenen, könnten wir nicht wahrhaft sein. Oder wir entzögen uns den entscheidenden Schicksalen dieses Jahrhunderts.[29]

Als eine Aufforderung an uns können wir empfinden, was Rainer Maria Rilke am 13. November 1925 an W. von Hulevicz schrieb:

»Der Tod ist die uns abgekehrte, von uns unbeschriebene Seite des Lebens: Wir müssen versuchen, das größe-

29 Siehe dazu Rudolf Meyer: Vom Schicksal des Toten, Stuttgart 1979[7]

ste Bewußtsein unseres Daseins zu leisten, das in beiden unabgegrenzten Bereichen zu Hause ist, aus beiden unerschöpflich genährt.«[30]

Eine Gemeinde, die ein Bewußtsein von der unsichtbaren Gemeinde hat und die durch die Menschenweihehandlung so lebt, daß sie wie ein Atemzug zwischen beiden Welten ist, leistet den Toten einen unschätzbaren Dienst. Sie sorgt dafür, daß die Seelen der Verstorbenen die Nähe des Sakramentes suchen können. Dies ist Zeichen und Lebenspuls für den Kräftekreislauf, der beide Bereiche, die Welt der Lebenden und die Welt der Verstorbenen, die Welt der Sinne und die Welt des Geistes, miteinander verbindet.

30 R. M. Rilkes Briefe, Leipzig 1930; siehe dazu auch Rudolf Eppelsheimer: Rilkes larische Landschaft, Stuttgart 1975, Kpt. VIII, Die Stimmen der Toten.